考典™ ② 國考 公職 銀行 研究所 各類證照 國營事業 必勝全攻略

確保優勢・分進合擊・先馳得點・先求有再求精・針對要害・
集中精力・挑軟柿子吃・先想後看・零存整付・小事累積成功
10大原則讓你一次上榜！

申論題27要領＋測驗題11祕訣＋作文與公文寫作7策略＝如願上榜

◆實戰模擬法、甘氏版面配置法……，
　教你如何做出申論題的完美筆記。

◆不輕易劃線法、四不四要法……，
　教你如何實行測驗題的抓題與逐次剔除！

◆多元素材重整寫作法、公文寫作項目聯想法……，
　教你如何在作文與公文寫作項目得高分！

本書的版稅及相關的演講酬勞，全數捐獻給台北基督徒七張禮拜堂建新堂之用

楔子

話說《考典》

《考典》，真是上帝的恩典。

「老師，已經第六刷了！」

大約《考典》出版了近兩個月後，我猜想初版第一刷應該已經賣完，裡面有些小錯誤需修訂，就打電話問商周出版社何時出第二刷？沒想到得到這驚訝的消息！

感謝主！憑我自己的能耐絕對不可能有如此暢銷量！這是我退伍下來寫的第十本書，前九本這些年來加起來的總銷售量恐怕也沒這一本多！雖說這種書市場大，但是考試用書、雜誌，坊間多的是啊！

我馬上跪下來禱告：「親愛的主耶穌，《考典》是祢要我出的書，是要解除眾多人因國家考試而痛苦、煎熬的書。我願意藉著《考典》的推廣，來為祢做這一樁世間的美事，以成就神在我人生中的命定！」

就這樣，《考典》一路長紅；才半年，已經十五刷了！

這本書給讀者的禮物是：「顛覆」了大家從小以來讀書（其實是「備考」）的習慣；並重新建立起多年來在國考中一再失利而今決定「東山再起」的信心！很多讀友在FB社團（一次考上公職考、證照、研究所）上PO

文，或在輔導班上撰寫心得時，說：《考典》讓他……

「發現我過去的讀書方法簡直是大錯特錯！」

「顛覆了我以往讀書的方法。」

「才知道過去的準備方式是多麼的浪費時間、無效率！」

「它指引了我們國考生走出黑暗與迷霧，指正大部分考生習以為常的錯誤。」

「讓我們可以不用白費多年的錯誤經歷，就可以看到前途。」

「讓我從緊張失眠的惡夢中解脫！」

「是我備考兩年以來，從來沒有的充滿信心與安定的感覺！」

讀友楊韵如是個全職媽媽，七月開始備考、十月中買到《考典》、十二月考上地特三等一般行政彰投區第一名。她特地在批踢踢實業坊說：

「我一定要跟大家推薦一本書，真的是這本書幫助我短時間脫離苦海；書名為《考典》。」

出版《考典》書系的使命，就如同我的教會「台北基督徒七張禮拜堂」周獻崇長老所說的：「讓更多人拾回他對人生盼望的信心。」

就在我正在校對《考典2》排版初稿的時候，FB社團上璁玲提到她很高興考上了證照，並且自己製作一部近六分鐘的影片，敘述她因視障從小讀書就備受煎熬的心路歷程，今年竟因為看到《考典》這本書，而在一年內考取兩張有關網際網路的證照及一張中文輸入進階級證照！

這對於一位視障生來說，真是不容易啊！（璁玲的書面見證如第六頁所附資料）打開她製作的影片，聽到背景音樂的一首歌〈恩典的記號〉，想到

多少有志於公職的朋友，正在漫漫備考路上煎熬，我竟然眼淚不聽使喚，隨著璁玲的細訴而潸然淚下。這首歌是：

恩典的記號　詞曲：盛曉玫

站在大海邊　才發現自己是多渺小

登上最高山　才發現天有多高

浩瀚的宇宙中　我真的微不足道

像灰塵　消失也沒人知道

夜空的星星　彷彿在對著我微微笑

輕聲告訴我　一切祂都看見了

我所有掙扎　所有軟弱和跌倒

將成為主恩典的記號

當我呼求　耶穌聽見我的禱告

千萬人中　祂竟關心我的需要

走過的路　有歡笑有淚水

都留下　主恩典的記號

在風雨中　耶穌將我緊緊擁抱

我深知道　祂是我永遠的依靠

走過的路　有歡笑有淚水

將成為　主恩典的記號

朋友，別慌！在這寂寥艱難的日子裡，有「七張禮拜堂考典之友讀書會」的夥伴們會陪你一段，你不會孤獨！

朋友，別怕！在這世事難料的歲月裡，有位至高無上的造物主——上帝，祂對你的慈愛永不改變，你不會被離棄！（《聖經》上說：「大山可以挪開，小山可以遷移；但我的慈愛必不離開你，我平安的約也不遷移。這是憐恤你的耶和華說的。」——以賽亞書54:10）

感謝主！《考典》書系若真能解除眾多國考朋友的壓力和痛苦，榮耀歸給上帝！

此外，這一年間，承蒙七張禮拜堂周獻崇長老、陳秀英師母的指導與厚愛，符國惠姊妹無私無我的付出，眾弟兄姊妹主動積極的協助，使得「考典奇蹟」美夢成真，也將是「考典之友讀書會」建立、發展最有力的保證，謹致上最高的敬意和謝忱！

感謝主：一年考上兩張證照之見證　陳璁玲

考典！考典！真是上帝的恩典！

我是一名視障生，從小就不會讀書，功課始終讀不好！感謝有《考典》，讓我在半年之內考取兩張TQC學科證照（另有一張中文輸入進階級），感謝主！感謝七張禮拜堂讀書會陳老師及代禱小組幫忙代禱！

我不是基督徒，我也沒有任何宗教信仰，是在今（2014）年因為

閱讀《考典》這本書而讓我略知曉基督教一些東西，又剛好在Youtube聽到泥土音樂（Clay Music）詩歌而受感動，從此刻起感覺我的人生好像從絕望的深谷被耶穌救了出來！我雖然沒有受洗，我也沒有走入教會，卻愛上撫慰人心的詩歌，每當心情低落時，只要把這些撫慰人心的詩歌放出來聽，就能使我重新找回人生的盼望與力量。

親愛的主耶穌：我感謝祢，謝謝祢這麼愛我，我需要祢的愛，我願意打開心門接受耶穌，做我的救主，做我生命的主人！懇求祢牽著我的手來走我前面的道路！無論碰到什麼環境，懇求祢幫助我，給我夠用的恩典，過一個討祢喜悅的生活～我這樣禱告是奉主耶穌基督的聖名～阿們！感謝主！

感謝《考典》（上帝的恩典）讓我的人生經歷極大的轉變！願上帝祝福各位！

目次 Contents

第二章 申論題實戰要領

目次 Contents

第三章　測驗題實戰祕訣

目次Contents

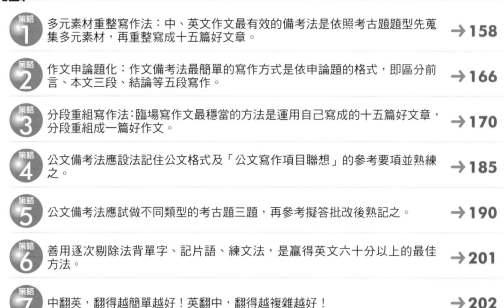

前言

《考典》
所揭示的三個主義

　　有人說：《考典》書系很「功利取向」，因為它鼓勵大家「不會考的不要念」；我以為《考典》很「目標取向」，因為它鼓舞了大家「一次就考上」的信心！

　　也有人認為學了《考典》，了解如何「抓題、解題」卻不必「看懂整本書」後，心中有「罪惡感」；我倒認為很多人因為習慣於「看懂整本書後才開始做筆記」這種舊的、無效的方法，因而一而再、再而三地「虛耗時光」，才會有「罪惡感」！

　　「備考」的首要目標就是「考上！」它是沒有其他替代品的！我出版《考典》相關書籍的「使命」，就是要幫助真的有心從事公職的人「一次就考上！」

　　其實，《考典》書系除了奉行原來的「備考不先看懂書主義」外，還要推展「公職超越鐵飯碗主義」，甚至更進一步要促進「考試領導選人才主義」，之後將分別說明。

備考不先看懂書主義

　　若求「先看懂書」，考期已經到了！特別是「光看懂書」，也和考取與否沒多大關聯──這是著眼於讀書報酬率的考量。

　　《考典》書系主張先「抓到題目」以後再「看書」，就是先有「重點」以後再從書上找相關的內容理解、熟練，才會有效；不是說「反對看書」，而是先後順序及成本效益的問題。

　　當然，如果你的時間非常充裕可以先看書，每一科專業書看一個月，六科就要看六個月，六個月的時間多珍貴！我不反對你先看書，但我還是建議你不要先看書，為什麼呢？因為備考就是為了考上，考上是你的首要目標，問題是：「要怎麼樣才能考得上？」

　　就拿測驗題來說，你就是把課文完全「看懂」了也不一定考得好！我每一次輔導同學都先讓他們看完四頁課文（大概花十二至十五分鐘），然後考十題；結果，很少有人考滿分！剛看完還記憶猶新，為什麼不能考滿分呢？原因是不知道出題「題型」，不知道有「找碴題」，所以就答錯了！因此，對於測驗題的準備方式來說，你先知道有什麼「題型」後再「抓題目」、後「看書」來回答問題，對於考試才直接有效！

　　申論題更是這樣！因為申論題需要文字精練並擅於內容論述，你光「看懂書」不代表你會寫得好。哪怕題目很正規正矩、屬於考古題型，但光「看懂書」也拿不到最高分──假定一題二十五分滿分的題目，光「看懂書」的人，大不了拿到十八到二十分，離最高分二十三到二十四分還差了三到六

分。為什麼？因為申論題的答題文字要精練、內容要周詳、格式要正確，該有的都要有；只「看懂書」幫助並不大！

此外，還有兩點要說明，第一、「先看書」或「光看書」通常來不及看完，即便有時間看完也看不熟，想看第二次、第三次也沒那麼多時間。通常「先看書」的人到後來越看越心慌意亂，壓力越來越大，總覺得看不完、記不熟、背不起來，擔心到時候寫不出來，到後來焦慮到睡不著覺，身心都發生毛病了！所以，「先抓題」的方法是把基本分先抓到、做好筆記後，心情就可以平靜安穩，備考就可以從容不迫。

第二、有人問要怎麼抓題？當公務員要看很多與業務有關的資料，要幫長官歸納一些資料的內容並抓出重點——這是應該具備的能力，剛好利用備考時來練習抓題、摘重點，也是一個有用並必要的歷練過程。

所以，《考典》書系寧願冒著大不韙，勇於揭起第一個主義——「備考不先看懂書主義」！

公職超越鐵飯碗主義

《考典》書系要推行的第二個主義是「公職超越鐵飯碗主義」。現在的民眾對政府的要求也更高。所以，現在的公務員要有創新和效能兩個觀念和技能。要追求創新，不要只是「蕭規曹隨」；要講求效能，不再只是「朝八晚五」。要能主動積極把分內的工作做到盡善盡美，把自己的潛能與服務效能做最大的發揮。

我舉本身在軍中遇到的例子。第一個例子，民國八十六年政府剛通過

「戰士授田憑據處理條例」，就是當初從大陸過來的老兵，政府答應給他們授田，但是沒有法令執行。後來這個條例通過以後，一下子湧進很多人申請這方面的人事服務案件，使相關承辦人忙得焦頭爛額，又被老兵抱怨，還被長官責備。

我一個同事很聰明，照規定公文簽稿之擬辦方式只有「先簽後稿」、「簽稿併呈」、「以稿代簽」等三種，而前兩種方式都是一個案子「一簽」、「一稿」，很多承辦人都是這樣做，因為這是制式的作法，不過這位同事就有創新點子。

雖然戰士授田處理每一個人的狀況不盡相同，當時每天申請的案子有上百件、不勝其煩，他就懂得將相同性質的案件歸納，所以一個「簽」可以併隨十件、二十件「稿」。這並沒有「明定」違反公文的程序，長官看了也樂於接受，因為這些是性質相同的案件，就一個「簽」把十件、二十件公文「稿」都發出去了，又省事又有效率，是個「創新」又有「效能」的作法！

另外一個例子是我在國防部擔任軍事教育處處長時處裡的伍參謀，他剛來的時候是中校、台大商學所碩士畢業。他接手軍事教育處的預算，一年約有三十幾億，項目相當多，最大宗是各軍事院校裡的硬體設備投資。

一到職，他就把這十年來經費的應用情形用電腦跑出一個「參數」，知道軍事院校裡大工程的標餘款，約百分之十五；小工程大概佔百分之十。這樣就可以算出今年哪一月份會有多少標餘款，就可以先作「再運用」準備。

比方今年六月可能剩下的標餘款，就提前在三月、四月要各單位先報要追加的小工程需求，核定後，七月就把預算馬上撥給他們來執行。

由於這樣創新流程的作業，果然年底他創下國防部從來沒有過的年度預算執行率百分之九十九點八，幾乎百分之百！至於其他單位的執行率只有百分之八十，頂多百分之九十，他衝到百分之九十九點八，並且改善了每到年底時因亟須消化預算而致浮報、濫用的情形。

今天，我們要一個有效能的政府，就需要公務員有創新的頭腦和最好的執行力。所以，要考公職的人也要懂得創新，有方法、有技巧，在合情、合理、合法的範圍內講求備考技巧，才能有更大的勝出率；有幸考取後，更要盡量創新效能，為國家盡最大的服務、為人民謀最大的福利，這不只是「鐵飯碗」的工作而已！大家要互相勉勵。

考試領導選人才主義

《考典》想進一步促進考試領導選才主義。我們以前常說考試領導教學，因為你怎麼考，老師就怎麼教，學生就怎麼學。在公職的國家考試中，你怎麼考，這些考生就怎麼複習，補習班就開什麼課，自修者也朝著考題方式與方向準備。

所以，考試可以決定選才的水準！如果考的是一些比較活、比較創新有效的題目，就可以爭取到社會上一些比較有創新發展的人才；如果你考的統統是偏重記憶的材料，那你只能選取到「背書匠」。

國家考試是選拔公務員的途徑，甚至是唯一的途徑，應該要精益求精。所以《考典》希望推展這個理念，我們可以一起研究怎樣的考試方式可以爭取到優秀又適任的公務人員。例如國文科是否可以有些實用，又能考出適任

公務人員的基本素養和能力的題型？

　　或許國文可以不考測驗題，而作文與公文的形式也可以再做調整。例如，第一種可以考「閱讀和歸納能力」，這是公務人員很需要的能力，因為你要幫政府、長官提供一些精要的摘要，讓長官能夠下定正確的決策。像是以之前服貿、反服貿的主題，針對一些支持服貿和反服貿的文章，要求考生在限制的時間寫出四百字以內的摘要。

　　第二種測驗「文字表達的能力」，同樣以服貿這個主題為例，題目可以是針對反服貿的問題，請考生為行政院長寫一封信，表示政府有誠意接納雅言、廣開溝通管道的一封信，字數三百字以內。或是也可以為相關部會寫一個「懶人包」，說明如何用理性面對服貿問題，一樣三百字以內。

　　第三種測驗是「規畫方案的能力」，請考生為政府設計針對服貿問題，該如何加強溝通或是安排下鄉座談的計畫，也就是要考生以政府的角色，規畫如何針對廣大多元的社會族群溝通服貿問題的計畫方案。

　　此外，也可以把相關議題當作公文的題目，請考生寫一份給所屬各單位，要各單位加強對民眾溝通協調有關服貿的問題，並且蒐集各階層的意見回報。

　　第四種可評測「綜合論述能力」，即作文，請考生針對服貿、反服貿的問題，訂一個題目，正、反意見都可以，並將這個題目寫成一千字以內的作文。

　　這樣分成四種題型考題的國文，前面三種各佔二十分，最後第四種佔四十分，剛好一百分。這樣的題目不是比較有意義又比較有挑戰性呢？也比

較能選拔真正有實力，並能把這實力應用在工作上的公務人員。

當然，以「服貿」為題可能較敏感、較有爭議性，題材可以更審慎些，但所建議的四種題型應可列為參考。

國家考試的方式宜與時俱進、精益求精，這是《考典》書系建議的第三個主義，特抒淺見。

第一章

想要一次上榜
的十個必守原則

 為什麼我已經很努力了還考不上？

 和大家用一樣方法的，當然考不上；要用高效率的備考法，才有勝出的機會。

國考競爭激烈，錄取率約百分之五，意即有百分之九十五的大多數人都考不上！

如果你和別人一樣的素質，也一樣努力，也用一樣的方法；

你當然會落入那大多數的百分之九十五一樣考不上！

確保優勢原則：千萬不要普考、高考一起準備，兵分兩路，你絕對都居「劣勢」！

其實，備考和打仗滿相近的，打仗的時候，如果兩軍的兵力相等，如何打勝仗？

關鍵在於集中兵力於一點的機動力——就是你機動力強，當敵人還是分散時，你已把兵力集中在要打擊的那一點就對了！

如果在兵力上居於劣勢，人家有一萬人，你只有五千人，那你「更要」集中兵力在某一點上，以便形成相對的優勢，才有打勝仗的可能！

話說考公職時，你是居於劣勢的！怎麼說呢？因為考題是別人出的，你不知道會出什麼？再者，同樣是考生，你也居於劣勢，為什麼？因為競爭太激烈了，前百分之五的人才能考上。

那麼，為什麼考高考不能與普考一起準備？因為考試日期連在一起，普考是七月四、五號，接著高考是六、七、八號，中間完全沒有喘息的工夫！你如果想要兩個一起考，把普考當作練筆，那可以；若兩者都要一起準備，

就太浪費時間了！

　　何況，就是兩個都考取，你也只能二擇一。而且普考、高考所考的科目不一樣，出題的方式也不同；即便考試的科目都一樣，考試的方式還是不一樣！

　　有些科目考測驗題，有些科目卻考申論題或各佔一半。如果兩者考試的方式都一樣，那我贊同一起準備；但是，哪怕只有一科的考試方式不一樣，我仍然認為不宜一起準備，因為那一科你又要多準備起碼五十個小時以上，那是很珍貴的一段時間！

　　我知道很多人都是同時準備高考與普考，可能認為同時考兩個的機率大一些。而普考大都考測驗題，好像比較簡單，不過考的人比較多，所以在不敢確定哪個考取機率高的情況下就碰碰運氣。

　　在我看來，這是很錯誤的想法，因為在這樣激烈的競爭下，不應該為了那個無效的考試（因為你考取也沒用）而多浪費至少五十個小時以上，事實上，你沒有多餘的時間可以浪費！

分進合擊原則：千萬不要測驗題、申論題同時看！一起看，一起亂！

　　我主張不要把測驗題和申論題一起看，怎麼說呢？因為兩種題目的考試方式不一樣，看書的方法也不應該一樣！當你在準備測驗題的時候，你要做地毯式抓題，課文要看得很深入、周密，像「掃地毯」一樣，要找出某兩個命題或陳述語的相關情形（正相關或負相關），要看得很仔細！至於申論題則要抓綱要及關鍵詞，不需要很深入！

　　同樣在記憶方面，測驗題要記它們的關係，申論題卻要記整個論述的重點，目標不一樣，方法、技術也不一樣！若你在看課文時，將測驗題、申論題同時看，以為省事，其實會造成兩者都搞不清楚；你以為把書看懂了，但既不知道它會出測驗題或申論題，也不知道怎麼出，備考效果就不好！

　　這個原則和第一個原則有異曲同工之妙，同樣的時間不要分散到兩個目標，因為不但沒有節省時間，反而要花更多的時間，更重要的是沒有效果！

先馳得點原則：千萬不要先求「看懂書」，而是先做完每科五十到一百大題申論題的擬答！

　　一般人的習慣是「先看書」看得很久，不敢輕易下手做申論題的筆記。這個習慣是錯誤的，如果不馬上動手做申論題筆記就來不及了！

　　你說看不懂就不敢下筆，我建議你可以照著課文內容把看懂的先寫下來，寫完二十題以後，就會慢慢地上手！

　　現今的教育體制讓我們很少有機會寫申論題，所以大部分人對於寫申論題很陌生又覺得很困難，其實只要開始動手寫，慢慢就會熟悉，等每科寫完五十到一百題後，信心與能力都會大增，上考場時就不會心慌意亂了。

先求有再求精原則：千萬不要設想參考完所有書本或把題目完全理解後，再做申論題完美筆記！

　　這個原則是接續第三個原則，不要把整個書看懂，或是把某一題完全理解後再做申論題。

　　我建議先寫再想、邊做邊改（因為用的是活頁紙，要修改很容易），為什麼？

　　很多讀者反映，做一題就要花一天或三、四個小時，太不符合成本效益！所以，要勇敢一點，把看懂的先下手寫下來，多留一些空行，等有機會再來補充。

　　我最擔心的是你不動手寫，臨考場的時候就更不知如何下筆，再加上緊張跟壓力，你只能「胡言亂語」一番，當然就與金榜無緣了！其實，只要開始寫，慢慢習慣以後就能夠寫出樂趣和信心！

原則

5

針對要害原則：千萬不要只求看懂書、盲目地找重點畫底線！重要的是要畫測驗題的關係線與運用記憶術！

　　看書時，光「看懂書」是不對的！一般我們習慣把書看懂，然後在書上畫線，第二次看的時候，再用第二種顏色把課文畫得密密麻麻，這可以說是盲目地在畫重點！

　　其實，準備測驗題的關鍵在關係線和記憶術，這在《考典：一次考上國考、公職、銀行、各類證照、國營事業、研究所的萬用備考法》（以下簡稱《考典1》）已經有說明（P.100、106）。若要找測驗題選項之間的關係或是準備「找碴題」，不會被考題搞混，則要用記憶術來克服它。

　　所以，你要花時間畫關係線和運用記憶術，而不在於把它「看懂」，這對分數幫忙不大。更重要的是，不要隨便畫線，畫多了，下次複習會浪費更多時間。

原則
6

集中精力原則：千萬不要不會考的內容也畫線、已經會的內容也畫線！

　　除了不要盲目地找重點、畫底線，更要了解有些地方不要畫線。

　　第一，「不會考的」不要畫線：我們都習慣只要看懂意思、找到要點就猛畫線；其實你可以自己出題目，看看這些要點會怎麼出？若沒辦法出就不會考，就不要畫線！

　　第二，「已經會的」也不要畫線。雖然這題會考，但是這題在你的習慣領域中已經會了，就不要畫線。為什麼？因為畫了線，下次就要花時間看，而我們要把精力集中在「會考但還不會的」內容上，或是「雖然會，但是容易和其他題目搞混的」內容上。

　　所以，不要再花時間在那些「不會考的」，或是你「已經會的」內容。其實，問題的關鍵在於：你不習慣問自己「這題會不會考？」的習慣要改正！當你在看書時，就要一直不斷地問自己：「這題會不會考？」「會怎麼考？」「考出來我會不會？」等問題。

挑軟柿子吃原則：千萬不要一直針對困難的、不會的內容死背！要善用逐次剔除法的核心策略。

　　打仗先挑「弱」的打，吃柿子先挑「軟柿子」吃，因此剔除時要把簡單的、快要會的優先剔除！

　　一般讀書或是備考都是先把不會的挑出來猛背，背好幾次後，也不確定能不能記熟，也不能確定考試時能不能寫對，這其實是錯誤的方法！

　　有一個最好的策略就是不要針對「不會的」，而是針對「會的」：「確定會的」、「早就會的」，或是「一想就會的」，只要不是猜對的，你就可以放心把它剔除掉。

　　相對的，「還是不會的」或「只是猜對的」，就把它留到下一次再看。（當然還要簡單分析一下：「為什麼還不會？」）

　　當第二次複習時，你把「不會的」和「猜對的」再重新作答一遍，如果變成「已經會的」，就再剔除掉。

　　所以，你是挑「簡單的」、「快要會的」優先剔除，而不是一直針對那

些「困難的」內容，背五次、十次……，猛背！兩種不同的作法在心理上的感覺絕對不一樣！

一個是「為什麼我總是背不起來？」另一個則是「今天又剔掉了好幾題！」心情不一樣，備考的效果就如同「一個是天上的月亮，另一個是地上的烏龜」——看來都是圓的，但是差很大！

先想後看原則：千萬不要一直看著書背誦；一直看反而不利於背誦，而要運用先想後看的方法，想得起來才是你的！

答題的時候是先有「架構」，然後再補充詳細的「內容」。平常默想時，把題目或內容先瞄一下，不要看得很仔細，馬上就開始「用想的」。

如果你很快就「想」得出來，就可以放心把它剔除掉！如果是先「看到」答案或內容才會，那就不是「真正會」，就不能放心地把它剔除。

這個雖然是小事，但是很重要！你千萬不能一直「盯著書」背，要試著「用想的」，想得快、想得精確，那就是「真正會」！有人表示，為什麼剔除的題目還是會忘掉？關鍵就是因為沒去「想」，而是「看著書」在背！

零存整付原則：千萬不要忘了運用平常的零碎時間默想！零碎時間加起來可能比正規時間還多！

平時零碎時間的善用很重要！

一般來講，備考的第一階段大概佔有全程的五分之四或四分之三以上，比第二階段逐次剔除的時間多了很多！這段時間的零碎時間如果沒有充分運用，就太可惜了！

所以，每天早上起床盥洗的時間、等車的時間、開會等簡報的時間、中餐用完散步的時間、午休的時間、下班交通的時間、洗澡的時間、就寢前的時間等，要充分運用「默想法」，把準備的材料（筆記）深深地印在腦海——「你想得起來，就是你的！」千萬不能把這些時間虛耗！

小事累積成功原則：千萬不要設計（施行）一個不具體、不可行、不管制的備考計畫！

一個每天都可以達成具體進度的備考計畫，是信心、喜樂與動力的泉源，也是金榜題名的最大保證！

人家說：「先處理心情，再處理事情。」可是，偏偏心情最難處理！我建議從「小事情」先開始處理，怎麼說呢？

如果今天你按照備考計畫能夠有效執行並趕上進度甚或超過進度，就會覺得很高興！如果每天都能有這樣的「成就感」，你就能增強自己的信心和動力，無形中累積成功的因素而終致金榜題名——這是行為影響感情理論。那麼，如何讓自己有成就感？備考計畫很重要！

備考計畫具不具體、可不可行、能不能按時達成？如果你按照《考典1》的作法（PP.149~161），把自己到底有多少備考時間、考上需有多少備考材料（你要念到什麼地步）？都換算成相對應的時間，然後將兩個時間調整成相符之後，再設計每天（或上午、下午、晚上三段）具體地要做多少題申

論題？或測驗題要看多少頁？如果每天都能念完並切實執行，你就一定會考上！

　　也就是說，如果你可以策畫出一個具體、可行的備考計畫，而且能夠每天按照進度達成，這就是最好的心理建設，也是成功勝出的最大保證！

第二章
申論題實戰要領

Q 申論題是「格式」重要？還是「內容」重要？

A 格式易於改正，且影響到每一題；所以，要先重格式，再重內容。

申論題當然要重視論述的內容。

但是，格式易於改正，內容難以求精。

格式即使只加一分，卻可以複製到六科二十四題；

內容即使能加五分，卻只關係到這一題。

要領 1

不先看懂書，卻能抓對題目、答好問題的策略。

有讀者問我：

您說不要看書，而是直接抓出書中出題的重點與方向；若真要看書，也僅需瀏覽即可。可是，若對於該科內容不熟悉，甚至在毫無所知的情況下，如果不先「看書」，恐怕無法直接抓到考題的重點與出題方式。若直接抓題、解題，恐怕會發生因對課文整體內容不夠熟悉，而完全無法作答的情況，該怎麼辦？

我在此做更精確的說明。我不是要大家不要看書，而是主張不要一開始就「先看書」；要「先抓題」後，再「有重點地看書」，再做「適當的理解」，再去做「完美的筆記」。

我希望能矯正大家「看完書」（即使看了好幾遍）卻無法寫出完整答案的毛病，以及脫離「書都還沒有看完，考期已到」的夢魘。

一般我們從小的習慣就是先看書，從第一個字看到最後一個字，只求

「看懂」文字上的意思，從來不知道或不去思考：「題目會怎麼出？」以致真正上考場答題時，在時間和氣氛的雙重壓力下，根本無法完整作答，更難寫出獨特的見解！

至於如何抓題？其實考古題就是最好的題型！把近五年到十年的考古題找出分析一下，就可以掌握出題的方向和趨勢，尤其現在補習班所編的申論題題庫有的高達五百題，很有參考價值！你只要略作整理（幾小題合併成一大題）與選擇（依重要性先勾出一百大題）就可以了。

抓題後，你再把每一大題依章節順序勾在教科書上（如只看參考書或題解書，就省掉這工夫），再做「有重點地看書」和「適當的理解」。

這裡有五個抓題與答題的方法：第一、要從題目找答案；第二、要照著自己理解的文字做筆記；第三、太長的刪減、太難的不要；第四、沒有題目的段落或頁數不用看；第五、要在時間限制內完成。

其中第二、第三個方法不是用自己的語言，而是理解課文內容後，用合乎自己思維邏輯的精練文字做筆記；其他的贅詞、多餘的文字不要。不懂的東西不要寫（除非它很重要）。你可以把看不懂的先打個問號，有機會再找解答或請教高手。

第四個方法「不會考的不要看」：這當然要有點「功力」，才知道什麼內容不會考？例如，出不了題目的不會考，或題目太小、不重要的也不會考。

以申論題而言，「不會考的」內容或頁數遠遠超過於「會考的」——這就是何以要「先抓題，後看書」的一項主要原因：省下時間用在刀口上！

至於第五個方法「要在時間限制內完成」很重要！一般「先看書」的缺點是：漫無時間限制地看書，頂多只是計畫一個月或兩三個禮拜內把這本書看完。

　　其實，做一題「完美的筆記」最少一小時、最多兩小時內就要完成，每天若念書十小時，每科一百大題最少需十天（兩週內）、最多二十天（三週內）就可完成，比起「純看書」的報酬率不知高好幾倍！至於，那些做一題筆記就要花一整天的人就不足取了！

　　總而言之，「先抓題，後看書」的策略是就時間的掌握與分數的高低兩方面的優先考量。

　　至於有讀者表示「潛意識總有沒把書看好的罪惡感」，那就不必了！你花了很長的時間看書卻沒能抓到重點，還是「霧煞煞」、一問三不知，考試也考不上，才應該有「罪惡感」哩！

只是「抓題、解題」，卻不會遺漏重要內容的措施。

有讀者問：

如不看書就抓題，會不會產生知識只是片片段段的困擾？並增加讀書不完整的風險？因為直接看題目，然後只重視跟題目有關的課本內容，會不會忽略跟題目無關的課本內容，而那些跟題目無關的課本內容，雖然不是申論題王，但也可能對於其他「論述」有幫助啊？

很多讀者擔心如何抓題才不會遺漏重要內容？

我首先要澄清以下幾點：第一，每科一百大題的範圍很廣，幾乎可以涵蓋所有重要的內容；第二、這一百大題要先勾進教科書或參考書內，然後依照章節順序以題目取向做有系統的整理，只是跳過較不重要的內容；第三、如果時間夠，你當然可以有很多補救措施，但在有限的時間內，這是「最直接有利於考取」的辦法。

此外，我要強調，我並不是要你不「看書」，而是說「先看書」不符「讀書報酬率」！

如上所述，抓一百大題最可能會考的題目，也約略佔全書的重要內容了！備考當然要先抓住最重要的！並且依章節順序編列到課本上，呈現有系統的鋪陳而不是毫無順序章法的題目；當你要撰寫出完美的筆記時，你必須瀏覽課文中相關的訊息，做有意義的、完整的陳述，而不是斷簡殘篇的材料。

小題目或較不重要的內容可能會漏掉，但我其實也有告訴大家補救的措施，並提及，如問答題或解釋名詞等小題目，可用《考典1》中的「祕訣七」抓個三十、五十題，以防萬一（《考典1》PP.78~79）。

將這些題目的筆記簡單條列就好，約略五到十行之間，例如《考典1》第185頁做PISA的筆記八行，若考出來就憑自己的實力把它擴充到四十四行，還是可以得到很高的分數。

跟題目無關的課本內容雖然「可能」對於其他論述有幫助，但那是指「能納入完美筆記的內容」，如果不被納進去，對考試就沒什麼用處了！

其實，我講的是優先原則──「擒賊當然先擒王」；如果你還有時間，當然可以「回頭」看不放心的部分，問題是時間始終不夠用啊！

另有讀者提出以下疑惑：

像政治學這種根本沒有考題範圍的科目，是否在第一次讀的時候，先不要區分是否為重要的考題內容，就將全部內容都以申論題的方式扎實的學過一輪？

假設政治學總共寫了二百題申論題，在第二輪開始複習的時候，再從二百題申論題中挑一百題的題王，用默想法和逐次剔除法把一百題記熟。假設一百題申論題王加上一百題非題王就是政治學全部的題目，雖然我多做了一百題非題王的部分，但是它對於我寫申論也有幫助，可以當作額外補充的心態，讓自己底子更扎實，然後第二輪複習的時候再用「投機」的方式，只重視一百題申論題王，然後一百題非題王就跳過！這樣作法對嗎？

這還是「優先原則」的問題！更仔細說明如下：

先抓「題王」一百大題並做完「完美的筆記」，若行有餘力，另做「非題王」一百題，比較符合成本效益！

一般而言，高考六科、六百大題，已經夠花時間了，恐怕沒時間再做另外的一百題。而且命題委員的「習慣」是不可能出四題大家都會的題目；所以，每科準備一百大題和準備兩百大題的猜中率可能都一樣！如果要「練筆」，六百大題也夠了！主要還是在時間有限下，哪個優先的問題。

針對這個問題，有位同學分享她的心得：

我們要寫的是常考、考的機率很高的題型，不是鑽牛角尖鑽研那些微小機率的考題！我想我們在做完美筆記時，常常會陷入驚慌失措、很害怕漏了哪道題目的窘境。

其實，你找不到，大家也會找不到，你漏掉了，大家也會漏掉！應該是要先掌握會考的而且考的機率高的題目才是王道。

要領

3

坊間已有很多題解的書，但一定還要做自己理解的完美筆記。

　　補習班出版很多彙整各家說法的考試用書，也蒐集了每年的考古題並附上題解，答題的內容很完整，為什麼需要自己做申論題筆記？即使做了筆記，怎麼知道自己的答案對呢？

　　有人會有這些疑慮容易理解！備考的時間很有限，每一科目都要做一百大題的完美筆記需要很多時間，而且做完又不代表已經熟練！但我必須強調：「雖然做完美筆記要付出相當代價，但這是最穩靠且投資報酬率最高的辦法。」

　　我堅持一定要「自己」做筆記（但可以考量要使用「完美的筆記法」或是「卡片筆記法」）的理由如下：

　　首先，題解是別人寫的，不容易熟記。別人寫的文字不是自己的思維理則，離自己的習慣領域很遠，較難理解，更難以背誦；若僅是依自己看懂的寫個大概內容，分數不會很高！

第二，一般題解書每題的篇幅很多、內容很複雜，臨考作答時很難取捨。大多數參考書為了讓學習者有參考的必要，蒐集的材料越多越好。問題是：真正考試時，答一題的篇幅只有兩頁、四十四行，題解書上一題的內容也許可以寫上一百二十行，你若非用自己的筆記先篩選精練的內容後再熟記，就無法回答得「完美」。

一般參考書、題解書因為是提供「參考」的性質，資料會很多，請看資料2-1的例子，談到績效管理的意涵，書中的篇幅占了四頁之多（孫本初教授的說法占二頁，林鍾沂教授的說法一頁，還有吳瓊恩教授的說法占半頁）！

事實上，這個意涵若考出來，也只是這申論題三個考點的其中之一，另外兩個考點可以是績效管理的的功能、特徵、目標等。

所以，針對這個意涵最多也只能寫個五至十行。因此，在參考書上有這麼多內容要看的情況下，你當然要做成自己的筆記來精簡並綜整一下，才容易記憶並有效率。

如果只把它原封不動地放在題解書上，在這麼多複雜內容的狀況下，考試時你到底要寫什麼？即使畫了重點可能也記不起來，所以一定要自己做完美的筆記。

資料2-1 績效管理的意涵（參考書中的課文資料）

績效管理

基本意涵：

（一）孫本初教授之看法：

1. 簡單的說，績效管理（Performance management）本身就是如何執行策略，達成組織目標的管理過程。

對於企業部門而言，由於經營目標單純，顧客對象和競爭對手都比較容易確認，因此，管理者很容易由上述界定掌握績效管理的意涵。但是，對於政府組織而言，績效管理的意涵則顯得複雜些，因為在民主政治體制中，政府績效管理的意涵至少需要滿足以下四類行動者的需求：（孫本初，2006：393～396）

（1）對民選的行政首長而言，藉由績效管理可以強化對文官系統的政治控制力。

（2）對民選的議會代表而言，藉由績效管理可確立民主政體的課責制度。

（3）對文官系統內從事革新工作的管理者而言，藉由績效管理可以有效控制行政流程，持續改善生產力和品質，以及提高組織的競爭力。

（4）對於一般執行政策的文官成員來說，績效管理具有引導（steering）的作用，藉由明確的績效標準和指標能夠讓他們更加清楚管理的工作要求和個人的任務重點。

從上所述，可以了解到民選行政首長、議會代表、公共管理者及文官成員等，對於「績效」的認知是有所不同的，而這也正是一般政府推動績效管理的困境所在。

（續下頁）

2. 績效管理的功能而分析：從績效管理的功能面，來進一步說明，則其內涵如下：

(1) 績效管理是一種「控制程序」：從管理的本質來看，績效管理是組織達成目標的一種控制程序，一般言之，控制程序包含下列四項基本步驟：

① 確立標準（establishing standards）：指的是設立一種目標，隨後根據這些目標來評估績效；設定標準的目的在於監督績效表現。

② 衡量績效（measurin performance）：任何績效衡量如果要發揮效用，必須符合以下三個基本要求：

A.衡量的工作必須與標準密切相關。

B.對於某一樣本的衡量必須足以代表整個母體。

C.衡量必須可靠且有效。

③ 檢測績效是否符合標準（comparing performance to standards）：此一階段也稱為績效監測（performance monitor），主履比較實際的情況和應該達成的情況兩者之間的偏差程度。

④ 修正偏差（correcting deviation from standards）：第四個階段才是整個控制程序的關鍵。績效管理的主要功能在於修正組織運作上的偏差，發現偏差而未加以修正，等於組織失去了控制。

(2) 績效管理是一種「政治溝通的過程」：民選行政首長對文官系統的政治控制，公共管理者對行政流程的改善，議會代表對行政部門的監督，乃至人民對政府機關的施政滿意度等，這四者實際上有著民主政治運作上的邏輯相關性；其間，績效管理是一項客觀的溝通工具。

(3) 績效管理具有「引導」（Steering）的作用：過去政府的績效管理係強調由上而下的控制，並相信透過此種嚴密的過程控管，能夠獲致較高的生產力且滿足議會的監督要求。

（續下頁）

（二）**林鍾沂教授之看法**：林鍾沂教授在其所著《行政學》一書，針對績效管理的定義與主要程序，提出以下論述：（林鍾沂，2004：212~214）（孫本初，2006：396）

1. 所謂績效管理，是指將組織的努力予以系統整合，俾達成組織目標的管理途徑。

2. 它和一般管理方式有別，乃在於其特別強調系統的整合，並著重對組織績效的所有面向進行宏觀的控制、審計，與評估，其中主要的因素為：

（1）詳明清楚而可測量的組織目標。

（2）系統的使用績效指標或組織績效的衡量標準，以評估組織的產出。

（3）施以個別成員績效考核，以助益成員間努力的調和，並導向於組織目標。

（4）使用績效的激勵，如績效獎金，以獎酬對組織目標有特別貢獻的個人成就。

（5）將人員和財政資源分配加以聯結，以形成年度的管理或預算循環。

（6）將每一個規畫循環的結束加以定期考核，俾以實現目標和了解績效比預期好或壞的理由，且透過反饋的形成以幫助新的循環的開始。

（三）**吳瓊恩教授等人之看法**：吳瓊恩、李允傑、陳銘薰等人在其合著之《公共管理》一書，亦針對績效管理的意涵提出以下論述（吳瓊恩、李允傑、陳銘薰，2001：149~150：90）（孫本初，2006：396~397）績效評估在當代行政改革的運動中，具有下列兩層意義：

（續下頁）

1. 績效評估作為一種誘因機制：就實踐的觀點而言，政府若欲推動行政革新，落實政府再造運動，非僅憑指導方針或觀念宣導即可；行政革新必須有「誘因機制」（incentive mechanism）配套，方可奏效。最重要的誘因機制是以績效評估來檢驗行政效率和政府生產力的改變。若再配合適當的獎懲措施（不一定是獎金制度）則更加強化績效評估的激勵效果。

2. 績效評估作為一種管理工具（management tool）：定期的績效評估對於一個現代化的企業組織和公共組織甚為重要，因為它可以了解一個組織運用資源之成效，以作為獎懲的依據。公部門引進績效評估，最重要的意義是在政府內部運作上加入成本效益（或效能）的考量。

本文摘自蘇靖堯編（2012）。行政學精修上冊。台北：大龍海文化。頁7-91~7-93。

第三，若不乘機熟練「手寫」的習慣，臨場時的下筆速度就快不起來。我國各階教育過程中的考試，較少重視申論題寫作。我曾經試過不下百人，請大家運用OPEN BOOK的方式寫一題申論題，結果真正能在三十分鐘內寫完兩頁、四十四行的人，只有一個！

　　所以，如果我們仍然不重視申論題的寫作練習，勢必無法寫得快速且完善，甚至寫一個字都還要想半天。

　　第四，用手寫整理筆記可以加深記憶。腦神經科學顯示：觸覺對記憶的優越性遠大於視覺，故以手寫的方式有利於考試內容的記憶與熟練度。

　　第五，親自完成的作品有趣又有動力。親手寫的、整理的筆記，才有充實感、成就感，進而引發自信心與喜樂心，每天快快樂樂地讀書、信心滿滿地備考，這更是一大驚奇！

　　請記住，會寫比會讀更重要！完成抓題的程序後，就要開始把一百大題盡量寫、拚命寫，考試時才不會不知所措，才會是最大的勝算！

坊間題解書的內容絕對不宜照抄、照背！

有讀者問：

現在市面上可以買到一些針對國考申論出版的歷屆申論題庫書，裡面都有詳盡的解答供參考，是否還需要再謄寫到自己的筆記？或是可以直接背誦「申論題庫書」呢？

題庫書即使依章節排列，我也建議不要照著申論題庫書的題解背誦！理由如下：

第一，不完整。有些「申論題庫書」的題解是不完整的，例如沒有前言、結論、分段提綱，只有條列式答案而沒有申論，格式也不講求（詳見《考典1》避免失分八招PP.54~66）；甚至可能是不正確的答案，易被誤導！

第二，不好背。背誦人家的文章很難！（每個人的「習慣領域」絕對不一樣！）試問，如何背熟六百大篇別人的文章？幾乎是不可能的工程！因為幾乎都是與自己的習慣領域毫無關聯的死材料！

第三，難以得到高分。最重要的是，大家寫一樣的答案，會一樣的「低分」（《考典1》P.66）。尤其，閱卷委員看不出你有什麼專業的意見或獨特的見解（《考典1》PP.66~67），就很難拿高分！切記，會的題目一定要能拿到最高分！

有些人剛開始因還沒辦法抓到如何解題作答的模式，所以會下載擬答的歷屆考古題並直接跟著先抄寫，但常發現答案會超過每題寫二頁的模式。

針對這情形，有同學提出是否要先把擬答看過，只抄寫題目所需的答案部分？還是因尚未完全了解內容，所以完全一字不漏的照抄？

我的好朋友錢世傑博士曾直截了當地說：「不要一字不漏地抄書，還是要消化一下再寫，這又不是罰寫作業！」同學T也建議：「剛開始申論的擬答抄寫久了，還是會慢慢從中學會精簡，把想要呈現在答案紙的內容留下，其他有時間再補充，至少不失基本分。」

至於，有些人不照抄就很難下筆怎麼辦？留待本章的第十三個要領再跟大家說明！

申論題一百大題抓題的優先順序：先考古題，後題解題，最後再做考前猜題。

申論題一百大題要怎麼抓？先找考古題，再找題解書題目（合併成大題），接著憑自己判斷抓齊足夠的題目，最後還要猜時事和專業期刊的新題目。

不過考古題需要蒐集跨不同類科相關題目嗎？有個讀者很具體地問了以下兩個問題：

第一、準備申論題一百大題時，若是高考，也可以從普考及地特四等的歷屆考古題中找嗎？還是只看高考和地特三等的部分？

第二、若報考高考人事，找申論或測驗題考古題時，同一科目（如：心理學）的其他類別（例如政風的心理學、警察的心理學、財經的心理學）的考古題都要看嗎？還是只看歷屆的人事心理學考古題？

我認為要優先找最近的幾個年度以及與該科目相同等級的考古題（例如高考、地方特考三等的行政法），其次才是不同類別與等級的題目（例如普

考、國營事業、其他特考的行政法）。不過以上這兩類最多只抓五十大題，另外五十大題要從教材或補習班出版的題解書找。

很多書局有賣各科的申論題參考書，內容按章節分列、主題分類、類型化方式編排。若直接從該類型參考書中挑選一百大題做筆記，就可以不用再收集十年來的考古題（跨類科）。

補習班最具優勢的是資訊和彙整功能；而其出版的書中，申論題的題目很有用（尚需合併成大題），但答案不一定全對或最好！

你必須自行撰寫並隨時增加有用的材料，如其他各家的說法、報章上的案例、政府公布的統計數字、自我心得等。如果你有時間，抓題越多越好，否則，至少要五十大題。

總之，一百大題是個概念──接近百分百地可以猜中兩題（以上）。當然，如何選擇題目，是能力也是功夫囉！

另外，考前猜題很關鍵，你很可能猜中四題中的一題！考前猜題有兩個面向：一是時事議題，另一個是命題委員發表在專業期刊的論文，或在他授課的研究所考題、相關研討會的論文和國科會的研究報告等。其中，時事議題和專業期刊論文最有可能！

要從歷屆考古題中,統計出每科各章節的出題比例,以形成重點。

　　考題的出處也有所謂「八〇:二〇」原則,就是百分之八十的考題會出自百分之二十的重點單元。如果能夠掌握這個核心內容,你就可以掌握得到高分的關鍵。

　　所以,考生如果有時間想要做個功課,可以統計出每一科、每一章節的出題比例,看哪一章節的出題比例較高,哪一個章節比較低?抓出重要的出題範圍。

　　補習班在這方面就有大作用,他們將歷屆出考古題的章節題數比例,不論申論題、測驗題都分析好;如果沒有,有所謂的關鍵考點分析,這很重要!假設某一章是其他章出題比例的三倍、四倍之多,你從中抓的題目當然要更多、更仔細。

　　有個會友C說她用很笨的方法把前後七年的每一題考古題都剪下來,浮貼在參考書的課文裡,貼比較多的單元就是較重要的。雖然方法很簡單,但

是很實用！大家可以參考。

至於法學更複雜，甚至在還沒做筆記之前，就先準備一個小六法，把該科考過的法條做個統計，看哪個單元的法條考得最多、排個順序。

以民法為例，多達一千兩百二十五條，所以，你要統計出中考率最多的條文前五十條，再看看這五十條是落在哪個單元。

比方，民法分為「總則」、「債」、「物權」、「親屬」、「繼承」這五編，研究一下五十條最多是落在這五編的哪一編，這是第一個要做的事。再者，把相關的法條整理在一起。比方談到抵押權，跟其關聯的法條有地上權或是其他的物權，要把這些相關法條都集中在一起，考試時，你就可以把這些條文一一列舉出來而不會遺漏。

第三步就是將這些重要的法條集中分類、分主題，並做成一個樹狀圖，並註明這些條文各出自哪一章、哪一節的哪一款，做一個有系統的整理架構圖，有助於理解、記憶與學習。這個架構圖可以做在寫筆記之前或之後。此外，你每天可以利用零碎時間默想法條的條號、條旨，也默想相關的事例，會產生很大的效益！

要做考前猜題，除了猜一年內的時事議題外，還要猜命題委員的「最愛」。

　　考前猜題最符合成本效益啦！為什麼？因為很可能你猜的五個、十個題目中，就猜中一題。

　　去年有位甘同學考教育行政，考前她找了三個同學組成讀書會，在教育測驗和統計科目裡就猜中了一題跟「PISA」有關的題目。

　　本來國內要引進PISA這個測驗，後來因為大家反對而作罷，但那時候是很熱門的一個話題。甘同學猜對了這題題目，她得了幾分呢？考前她只做了八行的筆記，但在考卷上擴充為四十四行（《考典1》P.185），結果得到最高分二十四分，比其他題目的得分還高！

　　考前猜題一定要猜這一年甚至兩年內和時事議題有關的熱門題目，可從各類社論、短評、施政報告、重要新聞中「嗅」出時代的脈動。比方考人事行政，相關的政府再造、考績法修訂等主題便很重要；或是跟行政學、行政法的相關考題，如縣市升格、二代健保、ECFA，還有前幾年的花博、茉莉

花革命、大埔農地等有重大爭議的新聞，一定會在各個不同的科目裡出現考題。

如果考財經行政類，比方考經濟學，前幾年日本三一一震災過後的物價波動、台灣八八水災來襲、菜價的上漲等議題，跟經濟學供需曲線變化都有關係，很容易成為考題，所以這種題目要特別準備。

此外，例如服貿、反服貿之類的熱門相關議題也可能出現在各個學科裡面，比方政治學可以考公民會議、審議式的民主、不服從主義等；行政學則可以考有關的政策論辯或是可行性的分析，或是服貿的行政協議的法律性質為何等。時事性的議題一定要好好準備，不可因時間緊迫而輕忽。

命題委員有可能出一題他們「最愛」的題目（《考典1》P.80）。可是，怎麼知道命題委員是誰？這些資訊便要靠補習班、同學、網路等來源，否則只有猜北部地區（公立）大學中，有哪位知名老師比較有可能受聘為此科的命題委員。

至於如何克服「時勢議題+專業期刊+委員論文」等較難或較新的題目呢？你可以上網蒐尋，舉例如下：

1.國家圖書館期刊→ 台灣期刊論文索引系統→ （左下）館外讀者如何取得全文→ （最下）華藝線上圖書館（另有三個）

先知道丘昌泰老師是公共政策的知名學者，故搜尋：

2.作者：丘昌泰→11篇

從這些篇目中看到作者丘昌泰經常投稿的專業期刊是：

3.期刊名：研考雙月刊 + 關鍵字：績效→ 89篇→起止年：2012~2014→ 13篇

4.期刊名：中國行政評論 + 關鍵字：績效→31篇→相關程度：依最新排列（取最新的15篇）

　　從這十一、十三、十五篇文章中，就可以得到很豐富又有用、跟行政績效相關的考題，還可以作為補充其他申論題的最有力材料。

　　例如還可以從這數十篇文章中，找出三篇摘要（勾選該論文後，從左上角或左下角→書目匯出，不用付費。如資料2-2），對考前猜題或補充其他申論題的材料確有幫助！

　　如果能夠掌握各科較確切的命題委員名單，再從他們的國科會研究報告中，也可能猜到他們出題的「最愛」。

　　該論文全文的取得，若到公家圖書館內不用付費，若在自己家中上網需付費。

　　有熱心的會友提供免費的國家資圖電子資料庫，可以找尋相關資源（論文、政府出版品等）的網站，網路上可直接辦證。資訊如下：

http://edb.nlpi.edu.tw/SSO/TERM/pages/resourceUserMain.jsp

國立公共資訊圖書館 edb.nlpi.edu.tw

有關「行政績效」期刊論文摘要

1篇名：**行政院組織改造之成果及挑戰**／作者：李武育／研考雙月刊／卷期：36卷6期／出版年：2012／起始頁~結束頁：34~41

中文摘要：世界各國政府面對日益艱鉅的國際環境，莫不盡力提升國家競爭力，以強化政府的治理績效。良善治理的概念係由聯合國亞太經濟社會理事會（UNESCAP）於2004年提出，嗣後亞太經濟合作會議（APEC）於2007年提出良善治理應符合完善結構（well-designed structures）等7大要件，因此為順應全球化、永續發展趨勢，以及國內對於提升國家競爭力之期盼，行政院組織改造除需精確掌握未來國際發展趨勢，更應重視公、私部門間、政府與公民社會間之互動機制。組織改造絕對不只是機關數量的調整，更應呈現出職能調整與效能提升，本文將從立法面、組織架構及人力運用面、施政作為效能面，整體檢視現階段組織改造之推動成果，並探討相關策進作為及未來可能面對之挑戰。

2篇名：**政府計畫資訊網回顧與展望**／作者：莊麗蘭／研考雙月刊／卷期：36卷6期／出版年：2012/起始頁~結束頁：60~71

中文摘要：我國將資訊科技運用於政府施政計畫管理，從民國85年倡議以來，歷經16年不斷發展、改進。——。此外，全球化下的世界仍不斷快速變化，資訊科技日新月異，同時改變政府治理模式，各國政府治理挑戰日增，反映於施政計畫更為繁複。因之除秉持效能、公開透明、課責、公民參與的原則外，研考會持續規畫精進「計畫雲」，打造整合且專業精進的施政計畫管理與支援決策平臺，並強化資訊公開，促進政府效能躍升，亦將成為「政府資料開放（Open Data）」的

（續下頁）

一環。

3篇名：**政府施政績效管理推動現況與成果**／作者：吳秀貞;莊靜雯;
秦正宇／研考雙月刊／卷期：36卷6期／出版年：2012／起始頁~結束
頁：42~49

中文摘要：政府計畫管理體系概分為「機關施政績效管理」及「個案
計畫績效管理」二主軸，彼此橫向關聯。機關施政績效管理部分，由
各機關每年滾動檢討更新未來4年中程施政計畫，——。施政績效管理
制度之實施成效為增設評鑑結果與民意監督之機制，體現人民有感；
強化計畫與預算之連結性，提升政府績效表現；建置單一的系統平
臺，以利資訊整合為機關。為因應行政院組織改造及國家發展委員會
的設立，未來將目前分散於研考會、經建會、工程會之計畫、管考、
績效評核等體制、機制及流程等將重新整合規畫，以減少重複作業、
簡化流程、提升品質及時效等進行規畫，並利用全觀型治理（holistic
governance）所強調e化治理，透過資訊與通訊技術，整合政府施政
計畫資訊系統，達成計畫管理之綜效，並透過施政績效資訊的公開透
明，以求民主課責精神之實踐。

主題蒐整法：同樣主題的題目要併成一大題，以便有系統地撰寫筆記。

　　有讀者問到準備申論題的一百大題題庫的相關問題如下：

　　何謂「一大題」的分量或範圍呢？就以「現行考銓制度——政務官」為例，我將政務官相關的考點整理出來，共有三題如下：

　　1.政務官的定義為何？政務官與事務官有何區別？兩者產生衝突的原因何在？

　　2.政務官適用的法制為何？現行適用法制的缺失與改進方法如何？研訂「政務人員法」應考量之內容為何？

　　3.「政務人員退職撫卹條例」中與儲金撥繳、退職給與的相關規定如何？「退職撫卹條例」造成延攬人才擔任政務官的原因如何？

　　不知所謂「一大題」係指這三題合在一起，抑或依適當篇幅視為三大題？

　　就以我所建議使用的A3大小國考答案紙為例：

A3一面有兩頁，計四十四行，一張若「兩面印」，共計四頁、八十八行。正式的考題（約有兩到三個考點或小題目）最多可寫到兩頁、四十四行；一大題（可能有四到六個小題目）就可以寫到兩面四頁、八十八行。

　　所以，若上述第一題就只能寫一面兩頁、四十四行（寫到兩面、四頁太多了），臨考時才能完整地「COPY」上去。

　　至於「一大題」的概念是：同一類型的題目要集中，才能有助於系統性的了解；至於要寫成A3一張、兩面、四頁，甚至兩張、四面、八頁，要看小題目（考點）的多寡而定。

　　另有會友子馨創立了很有用的主題蒐整法，她的說明如下：

　　我想跟大家分享更有效率做完美筆記的方法：「主題蒐整法」。

　　大家開始寫該章節的完美筆記前，一定先分析該章節九十二到一○二年的考古題，這時大家就會發現一件事：

　　同一個主題觀念會被拆解成各小題（小觀念）再重新組合成新題目，出現在不同年度、考試 科，甚至跨科目。那我們是不是也可以再把這些小題的觀念（分段的筆記）再彙整成「一個主題」的觀念，統整在一張正反兩面的A3筆記裡？

　　甚至再進階把相關的資訊（例如期刊論文、解釋、判例、時事等）也一起補充在空白或背面處（參考《考典1》祕密2、祕訣2&7&8）。如此一來，將來不管命題老師出再活、再細的題目，我們都有辦法解題，而不會被題目的框架所限制。

這樣的作法還有以下優點：

1. 一個章節的筆記只要化簡成幾個重點主題去寫，一次分析完所有關於這個觀念的所有考法，一次理解完整的觀念內容。

2. 一個主題筆記可囊括多題考古題，提升分析所有歷屆考古題的效率。

3. 可縮短一再重複分析並合併題目、重複再寫同一個觀念筆記的時間。

4. 把主題跟主題間的關聯性再做比較、分析，一起融會貫通、加深印象。

5. 執行第二階段剔除法時，就可以一起背誦、一起剔除！（《考典1》祕訣6）

熱心會友Lee Ting特別以「零基預算」為例，整理出零基預算的申論題考古題六題說明，請參考資料2-3。

資料2-3 「主題蒐整法」示例

> ## 零基預算（zero-basebudgeting）考古題彙整
>
> 1.82-薦任升等考試三等——何謂零基預算制度（ZERO BASIS BUDGETING SYSTEM簡稱ZBBS）？請扼要論述其基本概念，編製程序以及其優缺點。
>
> 2.91-第二次國軍轉役三等——解釋名詞：（3）零基預算（Zero-based Budget）
>
> 3.91-北市基特四等——試分別說明「設計計畫預算制度」（PPBS）及「零基預算制度」（ZBBS）的作法（十分）及其優缺點（十五分）。
>
> 4.92-高考第二試三等——解釋名詞：（5）零基預算制度（the zero-based budgeting）
>
> 5.94-薦任升等考試三等——何謂零基預算（zero-based budgeting）？它與傳統的漸增預算（incremental budgeting）有何不同？在美國公共行政實務運作中，零基預算制度之實施為何失敗？對台灣推動預算改革乃至各類的行政改革有何啟示？試說明之。
>
> 6.101-何謂零基預算制度（Zero-Based Budgeting System）？該預算制度有何優點？有何限制？試分項闡述之。

　　可以從子馨提到的同一個主題觀念（零基預算）拆解成「各小題（小觀念）」，再重新組合成新題目，這些題目曾出現在不同年度、考試類科、跨章節，甚至跨科目去考。

　　有趣的是，會友子馨又為會友Lee Ting整理出「一大題」：

一、何謂零基預算制度（ZERO BASIS BUDGETING SYSTEM簡稱ZBBS）？請扼要論述其基本概念、編製程及限制，此與「設計計畫預算制度」

（PPBS）、傳統的漸增預算（incremental budgeting） 的作法有何不同？試分析其優缺點。又，在美國公共行政實務運作中，零基預算制度之實施為何失敗？對台灣推動預算改革乃至各類的行政改革有何啟示？試說明之。

考試方式為測驗題與申論題各半的考科，要將兩者分開來準備；但申論題數可以減半。

　　高考一般行政同時考選擇題與申論題，行政學和行政法這兩科都是選擇題和申論題各佔百分之五十的分數。在二十五題選擇和二題申論的題型下，該如何同時準備選擇和申論題？

　　針對出題方式有測驗題和申論題各半的科目，測驗題方面可以每頁課文只抓題二到三分鐘；申論題則做完美筆記五十題！但兩者要分開準備！

　　很多考科像行政學、行政法，常常是選擇題、申論題各佔百分之五十。這樣的科目更難，因為兩種方式都要準備，而且千萬不能在看課文時，同時準備選擇題、申論題，一定要分別花時間準備。

　　我以資料2-4為例，談到績效管理的問題，這是題庫裡的申論題內容。看到這樣的內容，就不必看個仔細抓測驗題，因為不會考測驗題！

一、何謂績效管理？行政機關實施績效管理可能會面臨那些問題？試請說明之。

杜拉克（Pete Drucker）率先提出了目標管理（Management by Objective, MBO）的概念，其日後再將目標管理充為績效管理（Performance Management），所以績效管理含有目標管理的意涵。簡言之，績效管理本身就是組織本身如何執行策略，達到組織目標的過程。以下針對績效管理的意義及其限制加以說明。

（一）績效管理的意義：

績效管理係組織系統性的整合內部資源，以提升組織產出績效的管理過程。在績效管理的過程中，必然會出現組織績效、部門績效及個人績效三種評估的需求，藉由此三種績效評估的結果，可以清楚了解部門、個人對組織的貢獻程度。綜合前述所言，績效管理具有下列三種管理重點：

1.績效管理是種遍及整個組織的管理過程。

2.績效管理使員工對於績效目標與達成之手段，能具有共同之認同。

3.績效管理可以增加達成績效目標的可能性。

（二）績效管理應用於公部門的限制：

1.績效管理本身的限制：

（1）政黨或是利益團體可能會利用績效管理所提供的資訊，作為政治鬥爭的手段，使得績效管理泛政治化。

（2）績效管理應用於政府部門，容易成為政治運作的產物，導致不同政治行動者執行、操作績效管理，將會有不同的績效評估結果。

（3）行政組織的產出績效通常難以量化，難以藉由數據加以比較。

（續下頁）

2.績效資訊所產生的問題：

（1）若績效資訊的蒐集產生錯誤，無法反應行政機關的實際績效。

（2）績效管理必須依賴專業的分析人才，但政府組織欠缺此類人才。

（3）績效管理重視立即的回應性，但政府往往必須和立法機關、審計部門或其他部門相互配合，導致降低立即的回應性。

（4）績效管理是一種從投入到產出的整體活動，但公部門的績效衡量往往只著重於輸出項。

3.績效評估所造成的缺失：

（1）績效評估必須基於理性、客觀等原則而行，但政府部門通常涉及高度的政治性，參雜許多個人利益、政治因素在內，無法全然客觀與完全理性。

（2）行政組織中個人的績效產出難以與組織的績效產生直接連結。

4.績效指標設計的困難：

（1）功能相同的行政組織，仍然會具有地域性的差異，無法用統一的績效指標來加以衡量。

（2）大多公共服務品質的好壞，無法直接用具體客觀的量化指標來衡量。

（3）政治過程往往涉及許多利害關係人，將會對績效指標的建立形成困難。

　績效管理無非是要組織追求績效，但行政機關最大的問題在於，其提供的公共服務績效難以衡量，並非像企業可以利用盈虧作為衡量標準，政府的績效有時是基於公共利益、政治考量等等。績效管理若想在行政機關推動，必須得先界定出行政機關所欲追求的績效為何。

本文摘自高凱編著（2013）。行政學（概要）：申論題精解。台北：高點文化。頁7-26~7-28。

反過來講，資料2-5中關於公共行政學的發展概述，從美國到台灣的發展，總共有兩頁，這方面不可能考申論題，因為沒有論述的必要。但是可能考測驗題，比如考「行政學是從美國的什麼人開始受人重視？」「美國第一個開始有訓練行政人員的教育機構是哪一個機構？」「什麼叫做ASPA？它有什麼功能？」等之類的問題會考測驗題，就要深入地看；如果你準備的是申論題，這兩頁就要跳過去。所以測驗題和申論題兩者的準備方式不一樣，不可以一起看，這很重要！

公共行政學的發展概述

行政學之發展概述大致可分為下列幾項說明：（空大「行政學入門」：1995：44～47）

一、自從美國學者威爾遜（Woodrew Wilson），在一八八七年六月號的《行政學季刊》（*Political Science Quarterly*），發表〈行政的研究〉（The Study of Administration）一文，主張行政學應從政治學獨立出來後，公共行政的研究才開始受到世人普遍的重視。

二、美國第一個正式開始訓練行政人員的教育機構，應推一九一一年成立的「紐約訓練學校」（New York Training School），而第一個在大學裡設有公共行政碩士學位者，則為密西根大學（University of Michigan），其後許多大學紛紛跟進，使公共行政的教育及研究工作，日益蓬勃發展。至一九三九年，美國行政學術界成立「美國公共行政學會」（American Society of Public Administration, ASPA），除定期發行《公共行政評論》（*Public Administration Review, PAR*），亦常舉辦研討會。

三、「全國公共事務暨行政校院聯合會」（National Association of Schools of Public Affairs and Administration, NASPAA），在一九七〇年由前身「公共行政研究所教育委員會」（Council on Graduate Education for Public Administration），擴大改制成立。美國各大學的公共行政系所，雖然可由其本身教授群根據系所條件，去發展他們的課程特色及重心，但為要獲得NASPAA的認可，其課程設計總會遵循並接受NASPAA的課程指南及內容標準，以確保公共行政教育的水準及方向。

四、我國的發展經過：

（續下頁）

（一）民國十八年，中國國民黨中央政治學校設立「行政科」及「行政資料室」，開創我國行政教學與學術研究的先河。民國二十四年，甫自美國史丹佛大學（Stanford University）公費留學、榮獲政治學士及碩士兩個學位的張金鑑教授，發表《行政學之理論與實際》一書，由上海商務印書館出版，並列為大學叢書。這本書是中國第一本學術性的行政學著作，張金鑑教授因此贏得「中國行政學鼻祖」稱號。

（二）民國三十八年政府遷台後，台灣地區學術界早年只有台灣省立行政專科學校（即今國立中興大學法商學院的前身）開設有關課程外，各大學、學院、專科學校並未設立行政系所。直到五十一年，國立政治大學在美國密西根大學的協助下，先後成立「公共行政及企業管理教育中心」、「公共行政學系、研究所」、「企業管理學系、研究所」，國內公共行政的教學研究，才邁向新的里程。

（三）國內較有名的大學設有公共行政學及相關系所者有：

1. 國立政治大學公共行政學系、研究所（博士、碩士班）。

2. 國立中興大學公共行政學系、公共政策研究所（博士、碩士班）。

3. 國立台灣大學政治學系下設公共行政組。

4. 東海大學公共行政學系、研究所（碩士班）。

5. 空中大學亦於民國八十二年起，成立公共行政學系等。

（四）國內行政界的學術團體有「中國行政學會」、「中華民國公共行政學會」、「中國人事行政學會」等學會，但活動薄弱，財力不足，均有待改善。

（五）有關學術刊物方面，以《中國行政》（*Chinese Journal of Public Administration*，國立政治大學公共行政及企業管理教育中心暨公共行政研究所合作印行）、《中國行政評論》（*Chinese Public Administration Review, OPAR*），內容充實，亦屬水準之上之刊物。

本文摘自蘇靖堯編（2012）。行政學精修上冊。台北：大龍海文化。頁2-13~2-14。

要將各題目填寫到教科書出現的章節；若遇到跨章節的大型考題，要特別註明相關頁數。

有讀者提到：

各考科抓一百題（含考古題）的學習方式，是否要按各章節順序依序抓題並做成「完美筆記」，才能了解該科整體架構？

此外，考古題（申論題及測驗題重點）也需先整理分類才能放入各章節「完美筆記」中。但若對書中內容還不太熟悉時，又沒有先看書，想將考古題放入該單元中，或許有些許難度。

選好一百大題後，將它們勾到教科書或參考書並且依序標號，有利於做筆記時能夠有順序並系統性地了解內容。跨章節時註記一下，例如本題和第○頁第○題合併等，以利做筆記時一起撰寫。此外，把考古題依單元（章節）順序勾到課本上應該不難，只是需花點工夫。

先看書不是罪惡，而是不符成本效益，其實你若選用參考書，每個單元後都羅列很多考古題及題解，就可省去這層麻煩。

實戰模擬法：要把申論題「完美筆記」寫在 A3 的國考格式模擬卷上，以利熟悉作答的行距、篇幅以及臨場感，有效增強實戰經驗。

為什麼平時的申論題筆記，要用國考答案紙呢？用普通筆記本不行嗎？又為什麼特別要用活頁的方式呢？

做申論題「完美筆記」時，我建議使用「國家考試申論題空白模擬試卷」（書店有賣，在考選部網站也可下載），每頁有橫隔二十二行，A3或B4紙（最好用A3）可印一面兩頁、四十四行，剛好是正式考試每一題的分量；但在背面也要印行格來（加起來四頁、八十八行），才夠做一題「大題」筆記的篇幅。

至於建議A3活頁國考用答案紙，是因行距、篇幅都一樣，可以練筆也好記憶，也較貼近考場的氣氛。

人是習慣的動物，不習慣這樣的行距、格式，就會差人家一點點，這樣的一點點正是「失之毫釐，差之千里」。

因為在國家考場上，競爭相當激烈，作答的好壞雖在一線之隔，但差零

點一分卻能決定生死，當然要養成在國家考試用紙上作答的習慣，差一點不行！

　　當然，我們原來並不習慣用這種考試紙，因為從小我們使用的是成冊的筆記本，雖然也有用活頁的筆記紙，但行距都比較窄、篇幅也比較少，可是國考就是要你寫兩頁，差一點，分數就差了！

　　所以，不管是行距、編排的方式、篇幅的考量，我建議一定要用A3兩頁、四十四行的國考模擬答案紙來模擬實戰感。

　　然而，為什麼用活頁紙呢？第一，活頁紙可以隨時補充材料。你雖然是從參考書或教科書裡找答案，可是隨時要補充，包括其他書上看到的內容、上課老師講的資料，或是報紙上新聞報導的資訊，甚至自己一覺醒來的心得。若要臨時加上去，活頁紙比較好加。

　　不過國考答案紙兩頁印成B4就夠了，為什麼要用A3的格式呢？A3的紙比較大，上、下、左、右都可留白，方便在空白處加資料，不需要翻到後面補充資料，不需要用便利貼，因為容易掉也不方便。

　　使用活頁紙第二個作用是方便使用逐次剔除法。正規考古題一題只要一張一面、兩頁就夠，一「大題」的筆記大都也只要一張兩面、四頁就可以了；活頁一張被「剔除」時，就可以很方便地擺在一邊，如果用筆記本，將來要剔除就不方便了！

　　當然你可以用在成冊筆記本上做記號的方法，但像這麼「偉大」的考試，的確需步步為營、斤斤計較，更要講求方便性。另外又有讀者提出：

完美筆記的一個大題目做兩頁作答紙，若一個大題包括五到七個小題，而實際考的題目卻只有二到三個小題，若直接全部COPY上去，不就有太多篇幅不是直接回答問題？這樣沒問題嗎？若不完全COPY，不就又會面臨篇幅不夠的情況？

使用A3紙應該把國考紙格式印成一張、前後兩面共計四頁。一大題若有五到七個小題，應該寫滿兩面、四頁，甚至加第二張。實際考試的題目通常只有二到三小題，就只要重組COPY那二、三個小題，剩下的留作補充其他題目的材料。

一般申論題的寫法不可缺少前言和結論（法科除外）；前言和結論有各種不同的寫法。

　　原則上，配分十分或十五分的題目算是問答題，可以不加前言和結論；配分二十分以上者，就算是申論題了！

　　一般國考申論題都要有前言與結論。惟有法科的申論題可以不必講究，因為法科有關法律條文的條旨、條號或是事例等相當繁複，前言和結論可以省略。

　　其他的申論題都要有前言和結論，特別是寫申論題時，要「站在巨人的肩膀上」，把該學科專家中最好的言論呈現出來。所以，申論題最好要有各家的名言。

　　有些人很聰明地把名言就放在前言的位置，甚至是第一句話。不管是從書上或是從老師口中說出的名言，他就把它們做成小筆記，也許每一學科裡有十句、二十句名言，其他學科也可以應用上，臨考場時，就把名言寫在前言裡，這叫前言的「名言法」。

底下還有幾種前言的寫法：像「引用名家法」，引用專家的論述；「名詞解釋法」，從題目中的專有名詞解釋起；「時代背景法」，先介紹這個政策或議題的背景因素；還有「開門見山法」，從相關的訊息引到正題（本文），以上四種前言模式請參考資料2-6。甚至還有一個所謂的「抄題法」，即便不會寫前言，也要把題目稍微改寫一下呈現出來，總之一定要有前言。

　　至於結論部分也很重要，有專家認為結論比前言還重要，因為閱卷委員看到最後，如果你有「異軍突起」就可以幫助得分。所以，最後一段的結論應該做一個很漂亮的結語。

　　底下有幾種方法：例如「自我實踐法」，這方面可以把所有論點都申述完後，就寫「我們要怎麼實踐？」這個「我們」不一定指「我自己」，可以是我們國家、我們社會、我們政府、我們社群要怎麼實踐，叫做「自我實踐法」。

　　還有一種叫做「綜合評論法」，在結尾時做綜合性的論述。第三種是「綜合摘要法」，把本文裡面一些相關重要的內容做簡要地摘述。

　　另外有一種叫「負面批判法」，針對現況做批評式的評論（以上四種結論也請參閱資料2-6）。但是使用「負面批判法」要注意，如果你是對現況有一些批評，後面一定要提到一些如何提升的肯定用語（如資料2-6最後一行宜加上：「基層單位主管宜敏於察覺此種現象，而力求矯正之。」或「如果我有幸擔任公務人員，應深切省察，避免此等現象發生。」）。若只把負面的評論擺在最後面而沒有提出積極正面的建議，很可能適得其反而失分。

申論題「前言」、「結論」之寫作四例

一、組織再造的意涵為何？中央行政機關組織基準法規定行政院的部會，應精簡為13部、4委員會及5個獨立機關，此一規定是否符合組織再造之精神？精簡部會將面臨何種困難？（98年高考）

（前言～引用名家法）

　　組織再造（Reengineering）的著作以漢默（M.M. Hammer）與錢辟（J.A Champy）所著《改造企業》一書為代表，他們希望可以藉由組織再造達到3Fs的功效：更迅速的服務（Faster）、更扁平的結構（Flatter）、更友善……

（本文）

（結論～自我實踐法）

　　我國目前的組織再造的成效尚未完全呈現出來，自101年新的中央行政機關組織基準法上路之後，就現階段發展來看，各機關仍然尚未進行改革，行政院必須趕緊加以推動，以符合組織再造的特質。

二、何謂「組織文化」？根據雪恩（E.H. Schein）的看法，組織文化又分為那些不同分析層次？試舉實例配合說明。（94年高考）

（前言～時代背景法）

　　組織文化（organizational culture）的研究大概要到二十世紀下半葉才漸漸受到重視。由於美國的管理制引入世界各國的新興公司，成效並不佳，使得美國學者與實務界人士開始重視到文化差異的不同對於組織效能、管理方式究竟有何影響。

（本文）

（續下頁）

（結論～綜合評論法）

雖然雪恩將組織文化分為三層，但此三種層面並非全然獨立，而是彼此間相互影響，組織根據基本假定，對外在環境進行價值判斷，判斷過後的結果，直接反應在執行的行為或器物上，所以執行行為的好壞或器物的外在表現，深受基本假定所影響。

三、請試從管理途徑、政治途徑與法律途徑三面向，來說明公共組織的設計在結構面各應出現那些特徵？（95年原住民特考）

（前言～開門見山法）

組織係指兩個人或兩個人以上組成的群體，擁有共同的目標，擁有固定的結構，且具有一定的運作流程，所構成的實體。其中羅聖朋（David Rosenbloom）以管理、政治、法律等三個面向來研究公共組織，以下分別說明之……

（本文）

（結論～綜合摘要法）

　綜合以上論述，羅聖朋主要以管理、政治、法律等三個面向研究公共組織，行政機關在管理面向必須兼顧效率及效能，在政治面向顯現出行政機關不免都會受到政治勢力影響，而在法律面向強調行政機關必須依法行政。

四、基層行政人員（street-level bureaucrat）的主要特徵有那些？試根據相關學理說明並加以評論。

（前言～名詞解釋法）

　基層行政人員（street-level bureaucrat）又可以稱作第一線官僚行政人員，是由李普斯基（Michael Lipsky）所提出，是指最常與公民直接接

（續下頁）

觸進行互動的公務員。以下針對基層行政人員的特質及理論基礎加以說明。

（本文）

（**結論~負面批判法**）

第一線官僚人員具有一定的裁量權，而非單純的政策執行者，同時亦扮演著決策者的角色，但因為第一線官僚人員有時為了避免龐大工作量以及價值衝突的情況，因而會產生「抹奶油（creaming）」的現象，第一線官僚人員會傾向優先處理例行性的事務，而犧牲複雜、無慣例可循的問題。（————）

上述文章摘自高凱編著（2013）。行政學（概要）：申論題精解。台北：高點文化。頁數依序為：頁2-35、2-38，3-3、3-4，2-4、2-6，8-18、8-19。

要寫一題完美的申論題筆記,難就難在「下筆」,故須謹守「先求有再求精」原則,先從「不完美」開始。

很多會友在寫申論題完美筆記時,最困難的地方是「下筆」!記得《考典1》P.69提到做完美筆記有好幾個優點,唯一的缺點就是花時間,所以建議寫申論題筆記時潦草即可,正式考試再求端正。

我在本書第一章十個原則裡也特別強調「先求有再求精」的原則,千萬不要想把所有書都看完、看懂再做筆記,那就來不及了!也不要針對這一題要求完全理解後再做筆記,可能也沒這個時間!一定要先下筆,先求「有」再求「精」,先寫再做補充,因為時間扮演著很重要的角色。

有讀者對完美的筆記有很大的困擾,他表示:

要寫一題完美的申論題筆記對我來說非常難,我常常斟酌再三仍下不了筆,寫完一題已經一天了!該怎麼辦?

這是個大問題!這也證明完美筆記法的必要性:沒先做好完美筆記,上考場時,在時間和壓力的雙重緊繃下,如何能寫出高分的好成績?所以,第

一，一定要做完美的「手寫」筆記來練筆；第二，一定要限制時間完成，剛開始每題不可超過兩小時，再來要求不超過一個半小時。

為了在限制的時間內有效地完成完美筆記，有三種彈性的作法：

第一種方法是「先抓後補法」。就是看了課文內容後先抓自己「已經看懂的東西」，很快地把它抄下來，捨棄那些很難懂的、複雜的內容，然後空下相當的篇幅（行格），等有機會再補。

第二種方法是「說完就寫法」。看完課文後立刻把書闔起來，先用嘴巴說出課文在講什麼，就像有人在問而你立即回答一般。當你講出來後，就照著把它寫下來，這也是一個好辦法。

上述兩種方法在論述方面可能不是很周全，但論述靠實力，而這種實力不是一蹴可幾，千萬不要想求其完美而去看很多書，或花了很多時間上網找答案。在這種時候，時間重於一切！

其實，實力不夠就靠熟練補強，越寫就越熟，手感有了再寫申論題就很快了！何況只要你的格式正確、字數夠多，就很可能拿到好成績。一般來說，申論題一題若得到十八分就可以上榜了，你不需要花很多時間想得到二十四分的最高分。

第三種是「先十八後二十四法」。對於想求高分者，也並不是非得「一次到位」不可，可分兩階段實施：

一、 先取得會寫的每題十八分基本分：

若能參照《考典1》P.59、P.64兩個範例，基本上想拿十八分不難！在「避免失分八招」（P.54）中，需有前言、結論，本文，區分三段以上，並

加題號、題綱、內容充實、撰寫滿兩頁等。

二、再精進至最高分二十四分：

參照「爭取加分六招」（《考典1》P.66）中諸建議，隨時加上較具深度的論述、名言、各家看法、時事議題、統計數字、個人心得等，至少有其中一、兩項，才可能獲得最高分！有讀者提出：

我寫考古題一百題時，發現有的題目連書上都沒有解答，該怎麼辦？我可能連一百題解答都湊不出來！

我的建議是：「會的先寫！」再說明如下：

1.可用有題解的參考書（不用教材），以免找解答花時間。

2.會的先寫，熟的先剔除；不會寫的放在後面克服──永遠有進度就有成就感！針對不會的，一直在煩惱、懊惱著「為什麼找不到答案？」「怎麼還背不起來？」只會讓自己越來越急，又得不到好成效。

3.不會的部分打個問號，先跳過去！也許，這本來就是「活的」題目，並沒有標準答案！

4. 打問號的部分，等有機會時上網查詢、請教師長同學、看專業期刊，以及靠自我能力的提升等克服。

總之，完美筆記並非一蹴可幾，但熟練卻是人人可學，而熟練再熟練後，完美筆記就會逐漸成形。

14

甘氏版面配置法：需平均分配每一題的篇幅，並依分數比例分配各小題（考點）所佔的行數；必要時先用鉛筆在正式答案卷上定好大標、小標的位置。

有會友問：

每一題各小題（考點）所佔的行數要如何分配？

問得很好！改了數十份模擬卷後，我發覺這關係重大！我建議一個不成文的標準是：該小題佔分多少，其行數約為分數的一至一點五倍。

再舉例說明如下：

以《考典1》PP.59~60中範例3的申論題為例，該題應有三小題：

非營利組織之「定義」、「角色」、「特徵」三者，閱卷委員心中的配分依序可能是：五分、九分、九分或八分、八分、八分，所以各小題的行數依序應為：五至八行、九至十四行、九至十四行或八至十二行、八至十二行、八至十二行才是！

上述範例3（P.59）三小題實際的行數是：四行、十二行、十四行；「定義」這一小題只有四行易被扣分，宜再加強行數！

很多會友模擬考時，把上述題目的第一小題「定義」寫滿了一頁（二十二行），並且寫了三個定義（如範例2-1），勢必佔了另外兩小題的篇幅而失掉很多分數，十分可惜，應好好改正！

另一會友寫「績效管理」考古題時，有關「績效管理」的意義（可能佔五至八分）只寫了兩行（如範例2-2），明顯過少，恐怕會失分三至五分，亦十分可惜！

二〇一三年上榜的甘珮諭同學，在考場正式答題前，會先用幾分鐘以鉛筆把大小標題的位置做定位，再將大小標題都先寫到試卷上，一來可避免因緊張忘記答題方向，二來亦可避免「會寫的題目」寫得太多，占去其他小題的篇幅及時間。

她表示這是她聽過補教名師劉馨的「申論技巧傳授」講座後，自己也透過多次參加考試練筆，增加臨場經驗不斷調整答題方式後創新的好點子。我把它稱為「甘氏版面配置法」，藉由她的成功經驗，鼓勵大家也可依照自己的需求，調整創新成最適合自己的獨門祕訣！

範例2-1 非營利組織之定義、功能及其特徵（錯誤：「定義」寫得太多）

分數	題號	(答案請從本頁第1行開始書寫，並請標明題號，依序作答)
		1.何謂非營利組織？視就其角色、功能 試述之。

1.何謂非營利組織？視就其角色、功能 試述之。

(一)非營利組織為公益組織、研究組織、醫院、基金會等，是以 非營利為目的，又稱第三部門。

一、定義：

共有下列數項

a. 韓斯曼（H. Hansmann）：禁止將組織盈餘分配給組織領導者和成員，希望把其運用在未來服務或資助對象，此為「分配盈餘限制」（nondistribution constraint）

b. 伍夫（Thomas Wolf）：認為非營利組織為合法組成之非政府實體，是以公共服務為目的，且依稅法免稅，有其下列特徵：①公共服務之使命 ②為不營利或慈善的法人組織 ③排除自私營利的管理結構 ④免除聯邦稅 ⑤捐獻者有減稅之優惠。

c. 希爾（Peter Hall）認為之三大目標：①執行政府委託之公事務 ②執行政府或其它不願完成之事務 ③影響其它和權之政策方向。

範例2-2 績效管理之意義及其運用在公部門之問題（錯誤：「定義」寫得太少）

分數	題號	（答案請從本頁第1行開始書寫，並請標明題號，依序作答）
	一、	一、何謂績效管理？行政機關實施績效管理可能會面臨那些問題？試說明之。

　　杜拉克（pete Drucker）率先提出了目標管理（MBO）的概念，其日後再將目標管理充為績效管理，所以績效管理含有目標管理的意涵。

以下針對績效管理的意義及限制加以說明

　（一）意義：組織系統性的整合內部資源，以提升組織產出績效的管理過程。

　（二）應用於公部門的限制：

　　1. 政黨或是利益團體可能會利用績效管理泛政治化

　　2. 績效管理應用於政府部門易成為政治運作的產物。

　（三）績效管理所產生的問題：

　　1. 若績效資訊的蒐集產生錯誤，無法反應行政機關的實際績效

　　2. 績效管理必須依賴專業的分析人才，但政府組織缺乏此類人才。

　　3. 績效管理重視立即回應，但政府往往必須和立法機關、審計

要領

15

掌握基本盤法：稱得上「完美申論題」的基本要項是「格式」正確、「字數」要多、「論述」有見地；前兩項是基本分，可以在短時間內學會，且影響及於全盤性，應優先掌握。

有讀者提出以下的疑問：

在沒有任何老師可以幫忙批改的狀況下，如何判斷自己所寫的申論題筆記解答能得到閱卷委員的青睞？

一般大家都說申論題要拿高分有三個基本要項，一個是格式、一個是字數、一個是論述，其中又以論述最重要，也佔分數的比例是最高。

但是我這裡要強調的不是論述，而是格式和字數。格式和字數兩者有可能佔到申論題二十五分的五分之二，也就是有十分之多！

先說「字數」，人家寫四十四行、兩頁滿滿的，你寫二十二行一頁或是三十三行一頁半，請問你會被扣幾分？我認為可能會被扣三到五分。

那「格式」呢？包含的可多了，其中包括有沒有前言、結論、大標、小標，其中大標、小標前面有沒有縮格，每一段的篇幅大小有沒有一致，有沒有英文的專有名詞等，這些問題看起來都是小問題，但是「魔鬼藏在細節

裡」，小事影響可大了！

　　為什麼？因為格式少說佔五分——沒有前言、結論扣兩分，沒有大、小標題扣兩分，篇幅太少或有一段落太少，縮格沒縮好、沒對齊又扣一分，就少了五分！

　　五分雖然佔二十五分的五分之一，但它是我們完全可以掌控、完全可以不失掉分數的，這是基本分，若基本分都拿不到，其他就免談了！有關格式（含字數）可能被扣分的項目計有十六項之多（如資料2-7），希望大家參照並改正之！

資料2-7 申論題「格式」扣分項目檢核

申論題「格式（含字數）」必備之項目

1. 前言：須有前言（獨樹一格）
2. 標號：須有大標、小標的號碼：（一）~~1~~（1）
3. 標題：須有大標、小標的題綱
4. 分段：須依大標、小標分段落
5. 縮格：須依大標、小標縮格
6. 整齊：須畫線（且）將標號對齊
7. 版面：須依「考點」（小題目）可能配分之1到1.5倍分配行數
8. 行數：前言、結論外，本文各段大標、小標之行數大約一樣
9. 英文：需有專有名詞或名家之英文
10. 不要條列式一行：須有兩行以上
11. 不要大家寫一樣：可參考專業期刊論文
12. 名言或名家：可建立名言冊
13. 字體：不要太潦草、太大、太小
14. 不要簡體字：少用簡體字
15. 結論：須有結論（獨樹一格）
16. 字數：須寫滿40行以上

請看第十四項要領中的範例2-2，從題目來分析，應有「考點」（小題目）兩題（即大標兩個），分別是：（一）績效管理之意義；（二）績效管理運用在公部門的問題。

然後大標（二）績效管理運用在公部門的問題底下，又有四個小標，分別是：1.績效管理本身的限制；2.績效資訊產生的問題；3.績效評估所造成的缺失；4.績效指標設計的困難等。

但在範例2-2中卻編出大標（一）、（二）、（三）、（四）等四個，搞亂了答題的格式，先不管內容，光從格式評分，起碼失分五分以上！另有讀者問：

閱卷老師在閱卷時有沒有什麼喜好或禁忌？

當然有！評閱申論題其實滿主觀的，比方縮格不清楚、文章不整齊，有的縮一格，有的縮兩格，縮進去的大小不一樣等，這些看起來是小事，但無形中一定會影響閱卷老師對這篇文章的觀感！

一篇整整齊齊的文章、清清爽爽的版面，總是討人喜愛！請問你為什麼不把所有縮格用鉛筆畫一條直線（之後當然要擦掉），讓它看起來整整齊齊呢？

請看範例2-3：縮格是一般要求，已經寫得很整齊但看起來空格太多，不很扎實。如果修正成範例2-4，不是看起來又充實又清爽！你認為2-4範例比2-3範例要多幾分？哪怕只多一分，二十四題申論題就多得二十四分，你要不要？

範例2-3 申論題一般縮格方式（一般）

分數	題號	（答案請從本頁第1行開始書寫，並請標明題號，依序作答）
	一	杜拉克首先提出目標管理的概念，之後再將其擴充為績效管理（Performance Management），其本身就是組織如何執行策略，達到組織目標的過程。以下說明其意義和限制：

　　(一)意義：

　　績效管理是組織系統性的起合內部資源，以提升組織產出績效的管理過程。在此過程中會出現組織績效、部門績效和個人績效三種評估需求，藉由這些結果可以了解部門、個人對組織的貢獻程度，其具有下列重點：

　　1、是遍及整個組織的管理過程。

　　2、能使員工對目標和達成的手段有共同認同。

　　3、可以增加達成績效目標的可能性。

　　(二)其應用在公部門的限制：

　　1、本身的限制：

　　(1)政黨或團體可能利用績效管理的資訊，作為鬥爭手段，使其泛政治化。

　　(2)應用在政府部門常易涉及政治連作的產物，使得不同執政者會有不同的績效評估結果。

　　(3)難以量化行政組織的績效，亦難用數據比較。

　　2、績效資訊產生的問題：

範例2-4 申論題特殊縮格方式（較佳）

分數	題號	
	一	管理學大師彼得‧杜拉克（Pete Drucker）首先提出了目標管理的概念，之後再將其擴充為績效管理（Performance Management），其本身就是組織如何執行策略，達到組織目標的過程。以下針對績效管理的意義及其限制，加以說明：

（一）績效管理的意義：

　　績效管理是組織系統性的整合內部資源，以提升組織產出績效的管理過程。在此過程中會出現組織績效、部門績效和個人績效三種評估需求，藉由這些結果以了解部門、個人對組織的貢獻程度，其具有下列重點：

　　1.是通及整個組織的管理過程。

　　2.能使員工對目標和達成的手段有共同認同。

　　3.可以增加達成績效目標的可能性。

（二）績效管理運用在公部門的問題：

　　1.績效管理本身的限制：

　　(1)政黨或團體可能利用績效管理的資訊，作為鬥爭手段，使其泛政治化。

　　(2)應用在政府部門容易流於政治運作的產物，使得不同執政者會有不同的績效評估結果。

　　(3)行政組織的產出績效難以量化，亦難用

（續下頁）

分數	題號	

數據比較。

二、績效資訊產生的問題：

(1)蒐集的資訊若錯誤，無法反應實際績效。

(2)政府組織欠缺專業的分析人才。

(3)政府需和其他機關配合，立即回應性低。

(4)公部門只重輸出，不重視投入到產出的過程。

3、績效評估所造成的缺失：

(1)政府部門有許多政治性、利益因素參雜，無法以全然客觀、理性的原則進行評估。

(2)個人的績效難以和組織績效連結。

4、績效指標設計的困難：

(1)功能相同的行政組織，仍存在地域性差異，無法用統一的指標來衡量。

(2)公共服務品質的好壞，無法用具體客觀的量化指標來衡量。

(3)過程涉及許多利害關係人，難以建立績效指標。

績效管理無非是要組織追求績效，但行政機關最大的問題在於，其提供的公共服務績效難以像企業那樣以盈虧作為衡量標準，政府的績效有時是基於公共利益、政治考量等。績效管理若想在行政機關推動，必須先界定出行政機關所欲追求的績效為何。

另外，又有同學問：

能不能寫簡體字？

請問你為什麼要寫簡體字？這習慣要改，簡體字有的不該簡化，你卻簡化，會讓人印象不佳！不知不覺地就被扣了好幾分，請看範例2-5。

一般閱卷老師可能說分數與字體無關，我認為絕對有關！字體跟每一科有關，也跟每一科的每一題都有關！如果字體太大、太小、太草、太細、太斜，都不討好！

請看範例2-6、2-7：字體太大或字距太寬，則顯得答案不夠充實；字體太小，影響閱卷委員的眼力（如範例2-8），都不宜。

如果從小字體就不好看，就要改掉，還有三個月、半年，就從做完美筆記開始改！雖然不可能改太多，但是稍微的調整一下都會有大幫助！這些小事要及時改正，當你改正的差不多時，代表你的優勢較大了，因為每一題都會加分！

範例2-5 申論題寫簡體字（錯誤）

作答前務請詳閱作答注意事項及試題說明

分數	題號	（答案請從本頁第1行開始書寫，並請標明題號，依序作答）

六、我國數位電視科技發展如何？未來趨勢走向如何？如何善盡社會
教育功能？（提說）

　　在21世纪的现在，电视无疑是最大宗也最有效
的媒体，透过过去一甲子的發展，如今的电视技
术和收視文化、習慣已有巨大的改变，在台灣
这个变化也是现在进行式。

　　(一)我國數位电視的現況

　　1、电視有線化程度已经充份覆蓋全國，
只要申请固定月費制，便可收看上百个頻道，且需
受到讯号四干擾。

　　2、2012年我國已●強制收回●所有无线
电視的頻道，並全面数位化，同一时间，台灣已经
結束所有類比讯●号的插播。

　　3、現今許多用戶已逐漸已採機上盒(Lettlebox)
的方式收視、除了收看数位电視功能外，亦包
●●有錄放影机和隨選影片的(MOD)的功能。

　　(三)我國數位电視的未来趨勢

　　1、賣頻线上影音服務的●兴起，目
前已有多家业者採免費或付費机制之網路
(Web based)电視●頻道，如艾爾达、Hi-channel、臺电視……等。

　　2、高画質影音的出現，过去的数比讯号
●為標●準 SDTV 画質，今天的数位电視多採HD (1080p

範例2-6 申論題字體太大（不佳）

分數	題號	（答案請從本頁第1行開始書寫，並請標明題號，依序作答）
		ex: 何謂非營利組織、試就其他功能申述之？
		Ans, (一) 非營利組織之定義：
		非營利組織一般來說是
		以非營利 (non-profit) 為目
		的之組織因應而生，如公益
		組織、醫院、基金會等。
		學者希爾認為非營利組
		織應具備以下三項目標：
		(1) 執行政府委託之公共事務。
		(2) 執行政府或營利組織所
		不願或無法完成之勞務。
		(3) 影響國家、營利部門或
		其它非營利組織之政
		策方向。
		(二) 非營利組織之角色：
		根據克拉馬 (R.M. Kramer)
		的看法，非營利組織沾
		演以下角色：
		(1) 先驅者：即具有開發與
		創新的角色功能，因此
		非營利組織具有豐富創

範例2-7 申論題字距太寬（不佳）

分數	題號	(答案請從本頁第1行開始書寫，並請標明題號，依序作答)
	一、	個案研究是指以某一社會單元作為一個整體所從事的研究，而所從事研究之單元可能是一個人、一個家庭、一個個體、一個機關、一個地區或一個國家。而個案研究進行資料分析的方式與應注意的原則，茲分述如下：

（一）資料分析方式：

1. 內容分析（content analysis）：要先擬定編碼規則，對全文執行編碼分類，計算次數或百分比，檢驗假設。

2. 口述語意分析（verbal protocol analyze）：要求受試者出聲思考（think aloud），錄音後轉製成書面口述語意報告，再予編碼，並作統計、分析。

3. 腳本分析（script analysis）：學者研究人工智慧，發現人類知識乃以腳本方式儲存。例如：餐廳腳本為領位、點餐、用餐、付款。

（二）基本原則：

1. 有效控制其他干擾變數：在個案研究中，所採用的控制為自然控

範例2-8 申論題字體太小（不佳）

作答前務請詳閱作答注意事項及試題說明

評分	題號	（作答請從本頁第1行開始書寫，並請標明題號，依序作答）
	一.	(一) 甲可能構成刑法上業務上文書登載不實罪

1. 依我國刑法第215條（業務上文書登載不實罪）規定：「從事業務之人，明知為不實之事項，而登載於其業務上作成之文書，足以生損害於公眾或他人者，處3年以下有期徒刑、拘役或五百元以下罰金。」

2. 依題所示，甲為公司負責人，為減輕公司勞工保險費用之負擔，在向勞保局申報公司新進員工參加勞保時，在申報之文件上低報月投保薪資。

3. 甲無論家主、客觀上皆有侵害勞工法益之犯意，甲為業務上從事業務之人，將其業務範圍內，申報低報月投保薪資，顯已著手實行，甲無法阻卻違法或責任之事由，視為有違法性反責任。甲構成刑法上業務上文書登載不實罪。

(二) 甲可能成立刑法上行使偽造變造或登載不實之文書罪

1. 依我國刑法第216條規定（行使偽造變造或登載不實文書罪）：「行使第210～215條之文書者，依偽造、變造文書或登載不實事項或使登載不實事項之規定斷處。」

2. 甲於上述於業務上偽造文書外，又將該偽造之文書據以向勞保局申報，且甲有認知該偽造文書，並進而實行犯罪的知與欲，且已著手實行既遂。

3. 甲無阻卻違法或責任之事由，視為有違性反責任，構成刑法上行使偽造變造或登載不實之文書罪。

(三) 甲可能構成刑法上使公務員登載不實罪

1. 依我國刑法第214條（使公務員登載不實罪）規定：「明知為不實之事項，而登載於職務上所掌之公文書，足以損害於公眾或他人者，處3年以下有期徒刑、拘役或五百元以下罰金。」

使公務員 ←

第1頁

要領
16

鶴立雞群法：要逐步參考多本書做申論題筆記，並補充其他專業期刊及有用資料，以突出論述內容。

　　申論筆記要參考多少本書來寫？是以所謂的「一本書主義」為要，還是多本教科書互補有無呢？在一百大題的準備過程中，若完全出自一本書，是否會有引不出新意、「老狗學不會新把戲」的情況？但以多本教科書當資料，時間及金錢的消耗還有記憶的負擔、統整能力等，是否也為一大考驗？

　　申論題要得高分，內容論述當然很重要！這方面大家要費點工夫，就是讓自己蒐集到的東西要有深度與廣度，所答的內容是具有「延伸思考」的論述。

　　「一本書主義」並不代表只能看一本書，我個人是以一本書為主，但「同時」看三、四本書（包括筆記、講義）一起作答。我並不敢建議大家也如此做，一則書桌可能會不夠大沒地方擺，二則要有相當統整的能力，否則會看了三、四本書卻遲疑地下不了手、動不了筆！

　　我建議還是以「一本書主義」為要，也就是用一本書回答申論題的問

題。但因為你用的是A3活頁紙，之後看到其他書的論述時，再「逐步地」補充到活頁紙上。

其實，除了課本，你還要參考其他有用的資料，第一個是專業期刊，在專業期刊上可以找到其他書本沒有的題目做擬答。也有很多相關文章的論述，可以把答題更有見地、更獨特地表現，很容易取得高分！但因為每一科都有蠻多的專業期刊，所以就要有讀書會成員來分工、蒐尋、整理。

第二個是相關研討會的論文。研討會的論文可說是專業期刊的前身，是比較不成熟的論點，但也可以採用。

再來就是該單位的網站，一些新發布的消息，特別是新修訂的法規很容易成為考題，這方面就可以爭取高分，也要特別蒐集。

有會友SW認為：「若你有補習班的教材，就以它為主。不建議一開始就參考各典試委員的教科書，除非你有基礎或非常有慧根，否則容易對內容不感興趣，不知重點在哪，無法長期抗戰。至於教科書的使用時機，則是做考題時的解惑依據。」我很贊成她的看法。

另外還有讀者提出：

答題時是否可應用「圖優於表」、「表優於文字」的簡報方式答題？

有會友建議：除非題目規定要畫圖或表，否則一律以文字回答；以圖表作答，有的閱卷老師可能給零分，因為認為你違反考試規定。我個人也同意試題沒要求時，不要自己畫圖表，以免被誤會。

做解釋名詞、問答題筆記的要領就是「清楚就好」，不必加前言和結論。

　　如何做解釋名詞筆記？《考典1》中提及每科應做三十至五十題解釋名詞筆記，如要在六百題申論題筆記外另做解釋名詞筆記，大約需共做一百八十至三百題左右，可否將解釋名詞包含在每科一百題申論題筆記中？

　　每一科的解釋名詞和一些小題目的問答題，一定要做筆記、看時間多少，至少做個三十題以上，為什麼呢？因為解釋名詞有時候會考一題，四小題解釋名詞為一題考題。解釋名詞也常常擴大為申論題，如果你不了解這個名詞的意思，就沒辦法回答這題申論題了！

　　再說，也要準備小題的問答題，我們用抓題法抓考古題、抓可能出現的大題目，但是萬一他出的是小題目，如果你了解其中的意思，還可以臨場多發揮、多論述。主要是準備這些資料的時間不必花太多，像解釋名詞你可以寫個三行、五行、八行，十分鐘一題，從投資報酬率來說，非常值得準備！如果時間不夠，就只好將遇到特殊（如有英文的專有名詞）、不會的名詞寫在完美筆記的相關議題中，以方便記憶。

白天上班、晚上補習的人，也可設法做好申論題筆記。

我全時上班，晚上補習，沒時間寫申論題筆記，怎麼辦？

有一邊工作一邊準備考試又補習的讀者，提出以上這個問題。我建議，上完補習班後，聽懂了還是要做完美的筆記，才能答好題、得高分！

最好是把活頁的國考紙帶上，補習班老師講課時，你就針對講課的內容完成筆記。速度不夠快的人，先「跳著」在適切的地方記下重點，其餘的留下數行空白的格行，回家後再補齊。但若回家後再重謄筆記，時間恐怕不夠！

時間不夠做完一百題申論題完美筆記，該怎麼辦？

有個權宜的做法：如果你真的沒時間做一百題申論題的完美筆記，那麼你可以做「卡片筆記」，步驟如下：

1.買讀書卡或較大張的卡片（取代B4或A3答案紙）六百張。

2.每張卡片正面寫簡單的題目，並記下必要的「記憶術」。

3.卡片背面則寫答案：

①參考有關書籍寫大標、小標的提綱，含前言、結尾的關鍵詞。

②每個小標提綱內再分幾個小點（關鍵詞），以利背誦。

4.用逐次剔除法剔除卡片。

5.考前一週用國考紙練習四題申論題，需完全符合格式（範例如《考典1》P.59 & 64）。

卡片筆記法只需完美筆記法的三分之一到四分之一時間，可以在卡片正面加上針對性的記憶術，如諧音口訣等，背面則摘錄大標、小標，甚至小標內之幾個關鍵字，如範例2-9。

也可以隨個人專長，正面畫提示性漫畫，背面則簡單註記大標、小標（法條條號、條旨），如範例2-10。

以上是沒有足夠時間的辦法，因為不能完成真正完美的筆記、不能用上COPY法、無法享有考場時的「最高機密」（《考典1》P.83），但仍是沒有辦法中的好辦法！

有熱心會友WL表示：「大家可運用科技整合方式加強實力，例如上班族可以將做好的完美筆記掃描，或用照相存成jpg的方式，利用上班空閒或等通車的時間在iPad或手機上瀏覽。這樣即便全時工作也可以找時間讀書，但前提是不要影響到正常工作。」

土登

NO. 35

申請土地權利變更登記，依規定應於權利變更之日起一個月內為之。試問所稱權利變更之日為何？又於申請登記時應提出文件為何？請依規定分別說明之。

99-3
☆☆☆☆☆

（需加內容）一

△權利變更之日：
（口訣）：（期、防、墨、條、財產事實發生）

契 判 訴 調 裁 產
約 決 訟 解 權

解

土登§33、34

△增加二行論述

（一）權利變更之日：
1. 契約成立之日。
2. 法院判決確定之日。
3. 訴訟上和解or調解成立之日。
4. 依鄉鎮市調解條例規定成立之調解，經法院核定之日。
5. 依裁決作成之判斷，判斷書交付or送達之日。
6. 權利移轉證明文件核發之日。（ex：買賣土地）
7. 法律事實發生之日。

（二）申請登記應提出之文件：
1. 登記申請書
2. 登記原因證明文件，如①契約書 ②協議書or ③判決書。
3. 已登記者，其所有權狀or他項權利證明書。
4. 申請人身分證明。（如能以電腦處理達成查詢者，得免提出）。
5. 其他：由中央地政機關規定應提出之證明文件。

範例2-10 申論題「卡片筆記法」之二（漫畫提示術）

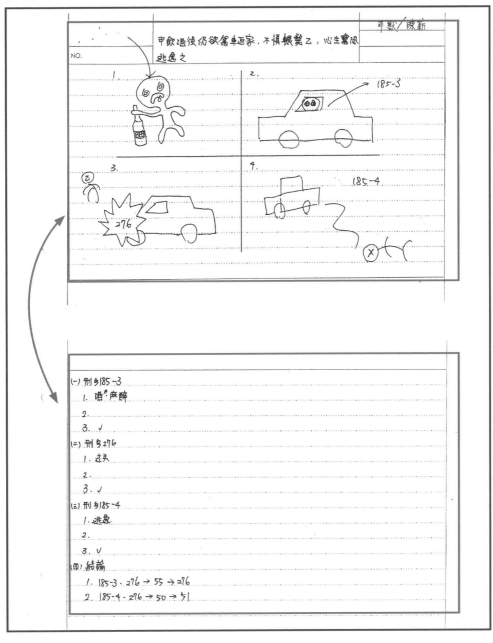

要領

19

做理論艱深或內容複雜的擬答筆記時，要能化繁為簡、用自己的思維說得出，才容易記憶。

理論內容很複雜又艱深要如何背？

首先要看「怎麼考」（怎麼出題）？如果只是想在申論題帶上一點理論以增加分數，那麼你可以化繁為簡，只要抓一、兩行重要而且你較熟悉的文字就可以，不必背那麼多東西！這也是準備申論題要先抓題而不先看書的原因之一。

有時理論或法理內容一大串，不但艱深又複雜，要背誦也不容易！此時可以看完理論後，用自己的思維理則以一、兩句話表達出來，若能夠表達出來，表示對該理論已了解，也有助於日後的記憶與論述。

以下舉兩個例子：

首先請看資料2-8關於組織文化的意涵，你可以縮減雪恩（E. Schein）對組織文化的定義。

例如「組織成員所共同持有的基本假定與信念」，然後跳到最後兩行，

「是組織成員在適應外在環境以及從事內部整合過程中所持續學習、累積所產生」。只取需要的部分，中間那一句就不用了，因為字數已夠了。

資料2-8 從課文內容摘取申論題筆記示例之一（只取所需）

名詞解釋：組織文化（orgnaizational culture）

組織文化（orgnaizational culture）的研究大概要到二十世紀下半葉才漸漸受到重視。由於1960年代至1970年代日式的管理制度興起，和歐美有所差異，再加上美國的管理制引入世界各國的新興公司，成效並不佳，使得美國學者與實務界人士開始重視到文化差異的不同對於組織效能、管理方式究竟有何影響，使得組織文化的研究日漸重視。

一、組織文化的意義：

（一）依據雪恩（Edgar Schein）的說法組織文化係：「組織成員所共同持有的基本假定與信念，而對自我及身處環境認為理所當然的基本方式，並在潛意識的狀態下運作、實踐。而這些假定、信念是組織成員在適應外在環境以及從事內部整合之過程中所持續學習、累積所產生。」

（二）深言之，組織文化係組織透過符號、儀式等散布方式，將組織所具有的基本假定，傳遞給組織成員，使成員將其視為習焉不察、理所當然的信念，使組織的價值信念在潛意識的運作狀態下被實踐。藉由此種過程，使組織達到內部整合、外部適應的效果。

原文摘自高凱編著（2013）。行政學（概要）：申論題精解。台北：高點文化。頁3-3~3-4。

再舉資料2-9，W.E. Halal談到「組織內部市場化的制度」，這裡就有將近一頁的篇幅，但如果你是在寫申論題或名詞解釋，只要幾句話就可以，因此你可以快速找到重點後，先「說」出來再「記」下來。

比方，什麼叫做「組織內部市場化」？就是說：「把當代的組織當作一個市場，這個組織內部每一個小單位就算一個獨立的小公司，整合為一個大的母公司。這個小公司本身可以跟公司內外進行企業交易；這個母公司對小公司的領導是採經濟市場化的一個機制，而不是行政命令的領導，那就是組織內部市場化的制度。」

有說明清楚就可以，不必把整頁都看懂或都抄下來！備考的時候就是要掌控時間，在有限的時間內做最有效的事情。

資料2-9 從課文內容摘取申論題筆記示例之二（先說再記）

W.E. Halal之「組織內部市場化」制度

把當代組織視作市場，所課的「內部市場」（Internal markets）正如後共產主義集團採行市場機制一樣。組織內的「內部創業」（Intrapreneurs）、「內部顧客」（Internal customs）以及其他與市場相似的內部因素，使得市場機制的運行滲透到組織的各個角落。組織內部市場的機制主要有三個原則如下：（吳瓊恩，2006：285~287）

一、**將科層體制轉形為內部的企業單位**：組織內部可以仿造市場的所有功能，每一單位是自足的小而分立的公司自由管理本身的事務，並

整合成為一個母公司。各單位變成為各企業單位後，由於各單位的運作是一種自發的、自組織的行為，有充分的自由經營權，這樣的運行機制具有二個特徵：（一）所有各單位必須確保為其運行的結果負責。（二）鼓勵有創造性的企業精神的興盛。

二、創造一個經濟的基礎設施以指導各項決定：由於各單位的運作有如企業組織之間的運行，行政主管著重在基礎設施的設計，如績效測量（Performance measures）、財務激勵（Financial incentive）、溝通系統（Communication systems）、企業文化（An entrepreneurial culture），以及組織整體的架構，並以市場因素指導各種決定，取代行政命令的指導。組織內部市場化後，管理人員必須成為Jay Forrester 和 Peter Senge 所指出的「組織設計者」（Organizational designers），而非僅僅是「操作者」（Opertors）。他要創造一個新型態、有智慧、高績效、有適應力的學習型組織。

三、提供領導以促進合作性的共同協力：內部市場化的組織重組面臨兩大要求：1.為績效負責（Accountability for performance），2.組織保持彈性（Organizational flexibility）。因此，組織領導人必須在層級控制和市場自由兩者之間在機械的、有機的連續體上尋找一個適合他的特定組織的最適點。同時，他也要培養一個合作性的企業社群，以減輕動盪世界的混亂不安，並發展一工作環境，以有效的吸收有創造力的人才加入組織。總之，組織內部市場化以後，明顯可見的好處大約有以下九點：（一）個人成就的機會增加。（二）從權威中解放。（三）為績效負責。（四）企業自發性的發揚。（五）有創造力的創新。（六）高品質與服務。（七）容易處理複雜問題。（八）反應時間快。（九）彈性變遷。

原文摘自蘇靖堯編授（2012）。行政學精修上冊。台北：大龍海文化。頁3-30～3-31。

如果有個理論必須記（寫）得很詳細，就必須「化整為零」，將它再分成若干點（用①②③表示），再用下一個要領（要領20）來默想，或用《考典1》P.34、106中的各種記憶術克服它。比方用「諧音口訣法」聯想成有意義的故事，或用「地圖聯想法」幫助記憶等。

考典2
國考、公職、銀行、研究所、各類證照、國營事業必勝全攻略

寫好一百大題申論題筆記後，要善用零碎時間持續且能夠多次默想大標、小標以及小標內的關鍵詞（約兩到五個），才算合格。

「逐次剔除法」是做完一題的筆記後就稍微背一下內容大綱，有個印象後就繼續做完筆記，直到第二階段再全力背誦，對嗎？申論題筆記剔除了還是會忘記怎麼辦？默想自己的筆記內容不是多少都會有誤差嗎？

默想有一個重要的小祕訣：「化整為零」（《考典1》P.73）。當你要背誦一段文字（兩行以上）時，一定還要把那段內容再分成若干點（用①、②、③表示），每點抓出一個關鍵詞，能夠記住這些關鍵詞就可以記得住這段內容了！

所以，用默想法剔除申論題時，當你能默想出這題所有的大標、小標，以及小標下的每點關鍵詞，你就可以放心把這題剔除！但記得①、②、③只為了幫助背誦，考試時不要把①、②、③寫出來！

此外，我再強調三點：

一、第一階段只能利用零碎的時間背誦，暫且不要剔除。

二、用零碎時間默想除了背大小標題還不夠，還需要小標下的兩到五個要點（關鍵詞）。但第一階段仍以按進度完成筆記為主，零碎時間默想為輔。

三、第二階段逐次剔除時，並不主張全力背誦，而是靠多次又有效的默想策略。只有在最後「終極剔除」時（《考典1》P.178），才需要全力背誦。

進行第二階段逐次剔除法時，要運用「先想後看原則」：未看到答案就能想得出來才是「真會的」；才能做到剔除後不會忘記、不會搞混。

有讀者問：

什麼樣的題目或內容可以「放心剔除」？如果剔除了還是會忘記怎麼辦？每次剔除以後就陷入背又忘、忘了又背的可怕輪迴之中，那麼多題目或內容，如何在有限時間內全部剔除或背起來？

有一句話說：「只有你記得下來的才能帶進考場。」就是說要「記得下來」對考試才有幫助。如何才記得下來呢？我認為：「只有想得出來的才是記得下來的，才是你的。」有人是聽覺型，有人是視覺型——有人用聽的比較容易記，有人用看的比較容易記，但最後都必須是「想覺型」——只有你「想得出來」的才是你的！

切記「先想後看原則」是有效使用逐次剔除法的保證！請參閱本書第一章第八原則「備考」時，我們常常陷入從前讀書的舊習慣，例如首次看書時，只求看懂，不分「會的」、「不會的」、「會搞錯的」課文，所以抓不

到真正考試的重點；再次複習時，也不分「已會的」、「快會的」、「還不會的」內容，所以花時間一再重複地看書。

使用「先想後看原則」就是要徹底改掉一直看著書背誦、效果不佳的舊習慣，而改用「想得起來的就是已經會的」、「剔除掉的就不容易再忘記」的高效方法。

千萬不要一直看著書背誦；一直看反而會影響背誦！要使用「先想後看原則」──想得起來的才是「你會的」！

如果內容較難、較複雜，將重要內容或完美筆記再做出架構圖或心智圖筆記，更有助於全盤性的理解和記憶。

有些科目的內容較艱深而複雜，建議做完每一單元的完美筆記或全部做完時，再進一步整理出架構圖或心智圖筆記。有會友Yiling Kao把筆記整理好後，再將筆記的內容畫出一個架構圖（如範例2-11），特別有助於記憶。以下是她提供的範例：

架構圖是以條文順序搭配完美筆記的內容製作完成。

1.條文寫在前面，完美筆記試題寫後面，再接解答大綱（一樣標示條號）。

2.當條文裡有分款項時，註記為第幾項，這樣方便默想時的連結，剔除時也會簡單明瞭。

3.將歷屆考過的年份寫在題目下，同時註記此題參考哪一本教材的答案。

4.此張架構圖是我的完美筆記的縮影，一樣有大標、小標、關鍵字加條號。

我從寫完美筆記的當下，就已進行一次深層記憶。接下來，睡前再做一次默想，默想就以架構圖為主。隔天早上起床再做一次默想。當天要再開始寫完美筆記時，我還會再做默想一次。

另外，子馨也分享了完美筆記的心智圖（如範例2-12），如何製作？

1. 當複習該章（節）的完美筆記時，試著用默想的方式畫出架構。
2. 將該章（節）標題放在圖紙的最中央。
3. 把完美筆記中的「大標題」畫在第一層分支，「小標題」畫在第二層分支……，像樹枝般擴張延伸，最後一層（末端）就是細部內容的「關鍵字」。
4. 在每個大標的末端旁加上聯想記憶的口訣或插圖（用已知記未知）。
5. 切記，圖不用漂亮而是要畫得快（自己看得懂即可）！
6. 熟練之後可以從節＞章＞篇去畫（將圖紙擴大到A3可帶去考場）。
7. 多利用零碎時間回想這些圖中架構、關鍵字、口訣，讓複習變得更輕鬆且有趣！
8.末端細部內容再執行「化整為零」的分點背誦。

有關做完申論題筆記後，還再做「心智圖」之優點，請參閱資料2-10。

範例2-11 完美筆記後之「架構圖」實作

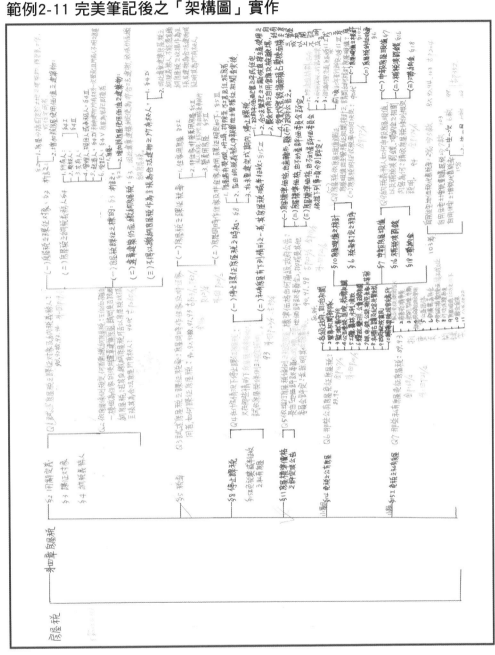

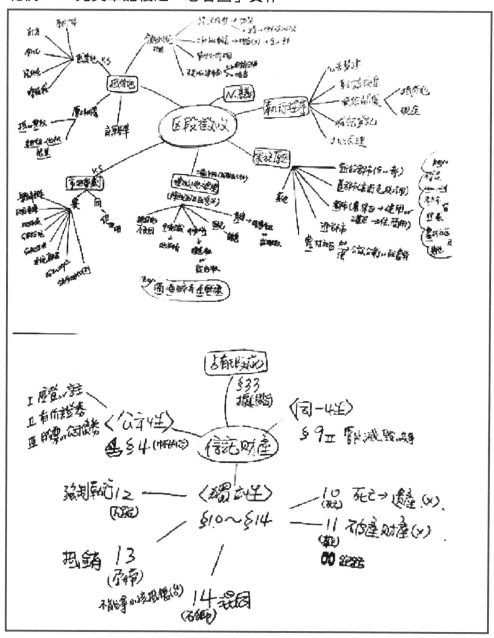

資料2-10 完美筆記後的「心智圖」之優點

做完申論題筆記後畫「心智圖」之優點

子馨撰寫

■ 建立架構：在茫茫筆記海裡建立架構，避免見樹不見林。

■ 節省時間：使用關鍵字，集中注意力在真正的主題重點。

■ 關聯性：關鍵字與關鍵字之間的關聯性清楚且正確。

■ 有趣：心智圖比起傳統單調的行列式筆記可加上更多的色彩、圖像等視覺化的刺激，使得大腦更容易接受這些訊息。

■ 有效複習完美筆記（縮短回想時間、增加複習次數）。

■ 心智圖的結構符合大腦不斷追求完整的天性。

要領
23

法學的申論題寫作與一般申論題不同，要有一個特定的模式。

法學的申論題該怎麼寫？考科都有可能會出實例題，該如何準備這類的申論？也要有前言和結語嗎？有沒有固定的模式？

一般的申論題都應該要有前言與結論，唯有法學例外，它採用「三段論式」。所謂法學三段論式是指大前提、小前提和結論。

大前提說明該題目所會用到的法條及要旨；小前提為考題案例的涵攝過程，討論此案例是否符合該法條之要旨；結論則是簡單回答本題案例是否符合大前提的要旨而得出結論。

作答時，有時會大前提、小前提、結論分為三段作答，亦有大、小前提合併，或小前提和結論合併成一段的寫法。但千萬別在考卷上寫出「大前提」、「小前提」、「涵攝」等字眼當標題，只有「結論」可做結束的標題。

會友蕙心提供了一個法科申論題的範例（參考範例2-13）。

民法答題「三段論式」例子

黃蕙心撰寫

題目

甲開設鞋店,僱請乙擔任售貨員。乙詐欺消費者丙,將假皮製作之皮鞋,以真皮的價錢出售,雙方訂立買賣契約。事後,丙主張退貨還錢,但甲主張不知乙詐欺之事,丙的主張是否有理由?(102三等關務特考)

思考架構

345條:買賣契約
103條:代理的效力歸於本人

答題關鍵

假皮以真皮賣出→詐欺:民法92條
誤假皮為真皮　→錯誤:民法88條

作答

丙之主張有理由,茲說明如下:(三段論開始前,要先下標題)

（一）丙得依民法（以下同）第92條第1項「詐欺」撤銷其意思表示：

大前提

1、被詐欺或脅迫，而為意思表示者，依92條第1項本文規定，表意人得撤銷其意思表示。至於第三人詐欺，同條但書加上以相對人明知或可得而知其事實，才可撤銷的限制，以保障交易安全中相對人（即買賣行為的對造）之權利。

小前提與結論（案例涵攝過程與結論）

2、本題乙詐欺丙，使丙和甲締結買賣契約，看似第三人詐欺，丙欲撤銷，依第92條但書，需相對人甲明知或可得而知才可撤銷。惟乙乃甲的代理人，目前通說認為應限縮92條第一項但書的第三人範圍，不包括相對人的代理人和使用人，亦即，相對人之代理人和使用人的詐欺，視為相對人詐欺，不需相對人明知或可得而知，*（結論）* 故本題丙可依92條第1項，主張撤銷買賣契約。

（二）丙得依第88條第二項「錯誤」撤銷其意思表示：

大前提

1、民法第88條第2項，關於錯誤的規定，當事人資格或物之性質，若交易且認為重要者，其錯誤視為意思表示內容之錯誤。

2、意思表示內容錯誤；表意人若無過失，依88條第一項規定，可撤銷其意思表示。

小前提與結論（案例涵攝過程與結論）

3、本題皮鞋為真皮或假皮，在交易上屬於物之性質的重要事項；丙之所以誤認假皮為真皮，乃乙詐欺所致，丙就該錯誤並無過失，*（結論）* 故丙得依88條第二項，撤銷其意思表示。

（三）結論：丙得依詐欺或錯誤為請求權基礎，請求撤銷買賣契約的意思表示。

註：考試時，斜體字不要寫出來！

此外，錢世傑博士也特別提出要贏得高分的要領在於：不要直接抄寫法條，底下是他的說明與舉例：

　　民法繼承的考題常會出一些誰是繼承人，應繼財產如何分配？例如甲死亡，有二子，一為其所生之乙，一為其養子丙。

　　首先要先確定誰是繼承人之部分，應繼分為何，應繼財產有多少，最後再決定數額，在此先討論一下繼承人怎麼寫：

　　一般考生很喜歡直接抄法條，如下例：

　　民法第1138條規定：遺產繼承人，除配偶外，依順序定之：

　　一、直系血親卑親屬。

　　二、父母。

　　三、兄弟姊妹。

　　四、祖父母。

　　然後考生就會做出結論，乙為直系血親卑親屬，為甲之第一順位之繼承人。

　　從三段論法的角度並沒有問題，但是這樣子的寫法不漂亮，且如果條文沒有背很熟，很容易被扣分，建議可以參照下列方式撰寫，略以：

　　一、繼承人

　　（一）乙之部分：直系血親卑親屬，依據民法第1138條規定，為第一順位之遺產繼承人。乙為甲所生之子，屬直系血親卑親屬，故為甲之第一順位之繼承人。

　　（二）丙之部分：養子女與養父母及其親屬間之關係，依據民法第1077條第一項規定，為「擬制血親」，與婚生子女同。丙為甲之養子，依據民法第1138條規定，亦為甲之第一順位之繼承人。

（三）小結：乙丙均為甲之第一順位之繼承人。

至於，「二、應繼分為何？」「三、應繼財產有多少？」等兩項，也比照上述寫法。

針對法條的條旨、條號，運用自己熟悉的記憶術來背誦。

法條的條旨、條號應該怎麼背誦才有效？

首先，我要提醒的是：不是每一條文都要背，宜從十年考古題中和考題有關的條文先背起，有空再背其他。進一步還可從補習班出版的題庫書中，統計出出題較多的法條，然後運用下列三個步驟：

一、化整為零法：

條文中，先抓出「主體」、「客體」、「動詞」和「其他」，再拆解成數個關鍵詞。例如民法第767條第1項規定：「所有人對於無權占有或侵奪其所有物者，得請求償還之。」

所有人是「主體」、所有物是「客體」、無權占有或侵奪是「動詞」、請求償還是「其他」。化整為零拆解成為：「①所有人對於②無權占有或③侵奪其④所有物者，⑤得請求償還之。」

（二）有效記憶術：

若仍複雜不好背，則再用三種記憶術（參閱《考典1》P.106），看能不能設計出一種好背的方法，例如：

　　1.上述條文的「條號」（第767條第1項）和「條文內容」一起背誦，舉例如下：若以圖形聯想術加上意義聯想術（參閱《考典1》PP.34~37，P.106）

　　左邊一房子，　→（移到右邊）　被無賴（無權占有）或流氓（侵奪），損壞了一根柱子，請求償還時，還了一根柱子後，還多送了一根扁擔。（條號：7-1=6，6+1=7，7又多了一根小扁擔 → 767-1。）

　　2.若用「諧音口訣術」（《考典1》P.106）：

　　取五個關鍵語之首字「所、無、侵，所、得（有）」──社會正義不張，「所無的人，侵占所得（有）的人」。欺（7）又（6）欺（7），又拿走一根扁擔 → 767-1。

　　（三）零碎時間默想法：

　　1.卡片法：將會考的條文，每一條寫一張卡片，前面寫題目或綱要，後面寫條文內容；利用零碎時間默想；考前一個月再用「逐次剔除法」一次次剔除！

　　2.錄音帶法：自己錄音，包含用記憶術的分析法也錄下來，邊聽邊記。（《考典1》P.72）

　　3.A4紙張貼法：每一條文寫一張，含記憶術，貼在浴室或書房隨時背誦。

　　4.睡前默想法（《考典1》P.73）：睡前翻閱十張，闔眼默背。

有同學針對法科的完美筆記提出以下疑問：

老師主張用自己的話寫成完美筆記。可是像法科（刑法、民法）都有很多專有名詞，必須先照抄解答，很難用自己的話寫出來，怎麼辦？

我的建議是，重要的法條包括條號及內容要旨，都要設法背起來，才能高分；但條文要旨、舉例、論證、自我心得等，還是用自己對課文理解的文字寫出，才好背誦！

總之，不要怕法條；別人背不起來而你背得起來，才有成就感，更有勝算！

研究所備考法重在申論題的寫作，若能找到「臥底者」會相當有利！

考研究所和考公職考試不太一樣，也許比較簡單，但是比較有「門戶性」。你要考哪所學校的哪個研究所，基本上你所看的書單、考古題都要以這所學校的為主；國家考試比較全盤性，「門戶之見」會比較少。

所以，準備研究所的考試一定要找到相關研究所的一些考古題、教科書、參考教材、課程大綱、課堂筆記、各項考試資訊（如期中、期末考、碩士班入學考試題）等，備考才有用！

比方在《考典1》中，我曾談到自己考東亞所的情形，在八個禮拜的備考時間中，有一個禮拜的時間去訪問政大東亞所、外交所有關的學長，取得最有利的資訊，甚至每一科大學部的筆記，如國際政治、政治學各拿到三份不同版本的筆記。

那時，我只剩下七個禮拜，而且當時我還當連長，總共準備了七科，還以第二名錄取！話說我是政戰學校政治系畢業，並且已經畢業六年，不但

教科書的版本已經太舊，甚至政治學、國際政治的版本不同，也不適於考政治大學；其他的專業科目也一樣，不同的老師有不同的喜好，甚至是「偏見」。我得勝的關鍵就在於蒐集到的資訊完全有「針對性」！

所以，考研究所一定要找到「臥底者」。所謂「臥底者」就是熟悉這類考試資訊的人，可以是已考取的學長、學姊，或正在考這研究所的友人，或是這研究所的助教，或是這一科的老師等，由他們那裡取得「針對性」的完整資訊，這點非常重要！甚至可以說，如果找不到這類資訊，就先不要開始準備考試，一定先找到這類資訊再開始念書才有用！

或許有同學會疑惑，如果要是報考三間學校，是要下載這三間學校的考古題嗎？還是要下載全台相關系所的考古題？

我的建議是，只要蒐集這三間研究所的資訊就可以了！並且要以一間較有把握或資訊較足的為主，全力集中準備這間研究所，其他的研究所當作「練筆」之用。畢竟「備多力分」，不打沒有把握的仗！

要選一個適當的讀書會加入，以利分工合作、創造共贏。

我鼓勵大家找一個適當的讀書會，少則二到三人，多則五到八人。由於考前猜題所要蒐尋的資料很多，若能分工合作就可共創雙贏！此外，考前大家可以固定時間聚會，聚會時大家可以互相出模擬題測驗彼此。甚至本來國考是一百二十分鐘，可故意限定只有一百分鐘，考完後大家一起討論、切磋，這是一個好方法。如果時間緊急，也可以用口說問答的方法，相互測驗，但我不大力倡導這種方法，最好還是用手寫的，因為「練筆」很重要！

讀書會成員間相互分配寫申論題筆記，也可以用口述的方式錄起來，讓讀書會成員間彼此交換聽，了解同樣一題申論題別人怎麼寫。當然彼此之間可以傳閱紙本，只是比較花費時間，錄音就可以利用零碎時間將別人的說法和自己的說法對照，互相改進！

若真的沒有一起讀書的夥伴可以一同討論，可以上網找社團夥伴，有的補習班或許也提供這樣的服務，但適合不適合參加，則要自己仔細評估。

臨考場時的心態很重要，遇到會的題目要快快「COPY」；遇到不會的、活的題目，要好好「作文」。

這在《考典1》書中已提及：「會寫的」直接從完美筆記中重組COPY上去，每題只能用二十分鐘。「不會寫的」則開始「作文」，從幾百大題的完美筆記中找材料論述，每題可用四十分鐘以上的時間（《考典1》P.83）；運用比別人多出一倍的時間「審題」、「鋪陳」、「寫作」。切記，不要慌！如果你跟別人一樣的用功，那麼你不會的，絕大部分的人也不會，這可能剛好是你「勝出」的機會！

所以，趕快靜下心想，自己做過的六科、六百大題筆記中，有哪些材料可以用到？雖不能達到完整無誤，但至少有一些分數；若能寫對「方向」，說不定還可以拿最高分！

千萬注意，申論題交白卷是兵家大忌，千萬不要空著不寫，就算不會，也要硬掰出一些道理，讓閱卷老師有機會體貼你「沒有功勞也有苦勞」。如果一片空白，你想他會給幾分？一分也沒有！

還有，就是因為不會寫，你更應該設法多寫一點。例如第二題的題目會寫，你寫了三頁；第三題不會，你才寫了半頁、一頁，就剛好被閱卷老師「看破手腳」！

　　有些類科的申論題，靈活的題目較多，熟練「申論題完美筆記法」更好下手！其實《考典》書系的特色就是叫你「練筆」、「長實力」。寫申論題的時候不要想太多，每天抓申論題、考古題練習，就一直寫。剛開始下筆很難，但是越寫越快、越寫越順，實力就養成了！

　　因此，當你看到不會寫或靈活的題目時，應該「見獵則喜」才對！因為像你這般用心準備、時間也充分的狀況下，你不會的，大家也都不會啊！而你具有「寫作申論題的實力」、「熟記幾百題申論題的材料」、「臨場充裕的時間」（參閱《考典1》PP.82~86「最高機密」）等優勢，別人卻沒有，你不成功也難！

第三章

測驗題實戰祕訣

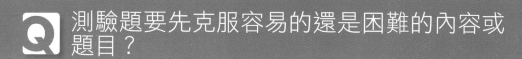 測驗題要先克服容易的還是困難的內容或
題目？

 運用「挑軟柿子吃原則」先剔除較容易的，最後才針對最
困難的做終極剔除。

測驗題當然要設法克服所有不會的內容和題目。

但是在同樣時間裡，容易的題目可以克服三題時，困難的題目只
可能克服一題；

經重複克服三次後，若先克服容易的題目只剩下一題時；先克服
困難的題目還剩下七題。

每科選擇一本課文內容較豐富、每單元測驗題題目較多，而且解析詳細的參考書。

　　怎麼選擇參考書呢？我的建議是：準備測驗題要看補習班的參考書比較節省時間！因為如果你要看教科書，除非它是帝王教科書，只要一本就可以，否則你恐怕要看兩、三本才夠。補習班的參考書已經把幾本重要的教科書內容都收納在一起，看起來當然比較枯燥，但對考試確實有效！

　　各家補習班、出版社都出版滿多參考書，要怎麼挑呢？ 頁數多的代表內容比較豐富？其實要挑得更仔細，把書打開來看目次分幾個單元？這些單元分得合不合理？

　　可以比較兩本書，假如一本書只有十章，另一本書有十三章，多出的三章是什麼內容？重不重要？當然單元數多的優先考慮。其次，在單元裡面的頁數是不是比較多？比方在某一單元中的主題是「績效管理」，甲書是三十五頁，乙書是五十頁，以課文內容來說，當然就是乙書優先囉！

　　再者，單元後面有沒有測驗題題庫？有的書是把所有題庫放在書的最

後面，這樣不好，應該分散在每一單元的後面才有利於複習。要看每單元題庫的題數多不多，以較多的優先。題庫的答案有沒有重點解析？有的話也優先。

　　當然，你還要考慮書的編排清不清晰？重點有沒有其他顏色特別標註，或以粗體呈現？這要看個人喜好。最重要還是上榜者的推薦，你可以上網搜尋，好好選擇。

秘訣
2

先從同類科近三年的五份考古題中，研究出測驗
題出題的題型。

將每一科的參考書找到後，就要研究考古題的題型，可以從近三年同類
科的五份考古題、大約是一百題以上來研究出題的題型。

在《考典1》PP.94~95提到，一般測驗題的題型有兩種：一種是背誦
題，就是人、事、時、地、物的記憶。第二種是找碴題，故意把兩件事情相
混，尤其是有條列式三項、四項、五項者。例如某人主張什麼，其中的四項
抽掉一項換成其他人的另一項主張，似是而非，然後問「何者為非？」這是
標準的找碴題題型。

以上是粗略的說明，最重要還是要自己看各科的五份考古題後，再回到
書本找答案，看課文中怎麼出？這可能有些難度，不知考古題出自哪一個單
元。所以我推薦補習班的參考書，因為它已經幫你找好了，例如每一單元有
五十題測驗題題庫，若干題會註明是哪一年考過的考古題，你就可以在該單
元找答案並了解它怎麼出題？

研究課文中怎麼出題其實滿重要！知道它怎麼考，當你在念課文的時你才知道怎麼「抓題」。有的人（書）會把近十年的考古題回歸到課文的各單元裡統計，看哪一單元的出題率最多，代表這單元比較重要，這就更有幫助了！

看課文時，要根據出題題型從每段課文中做地毯式抓題；要一直問自己：「這題會不會出？」「怎麼出？」等五個問題，而不是光看懂書，但也不必另外花時間另紙做筆記。

看課文時，一定要改變從前「光看懂、不抓題」的舊習慣，並且要在限制的時間內完成。「看書」好像看進去了，但「輸入」了大量的訊息，卻沒有經過轉換成「輸出」，就很容易忘記；抓題然後解題，就像是所謂的「輸出」。

看課文時，不以「看懂」為目的，而要以抓題然後解題為目標；要一直問自己五個問題：

1.這一段有沒有題目？（沒有題目，則不要畫任何線！）

2.如果有出題的可能性，如何出題？

3.這樣出，我會不會？（會，也不要畫線！）

4.如果不會，要如何解決？（分析它，畫上關係線和記憶術。）

5.如果會，但容易搞錯，如何才不會搞錯？（也運用上關係線和記憶術。）

有同學對於我認為準備選擇題只要在課本上畫重點的方法感到疑惑，擔心這樣是否會準備不周全。其實在我看來，選擇題不需做全套筆記，只要做半套筆記就好（在課本上加工），這樣可以節省很多時間，很快就能完成！

　　備考時，投資報酬率是考慮的重點！看哪種方式省時、省力，又容易得分。準備測驗題時猛做筆記當然很好，但花費時間太多，不符合成本效益！

　　所以，除了特難的、最後剔除不完的，才需要做A3大補帖筆記（《考典1》P.178），作為考前全力背誦之用──這最符合成本效益！記住，不要用你習慣的無效方法！

> 不輕易畫線法：看課文時，要運用「集中精力原則」，注意不輕易畫線、圈題，千萬不要把不會考的、已經會的也畫線、圈題、勾重點。

本章祕訣三之第一到第二個問題，提醒大家不要「習慣性地」畫記號！而第四和第五兩個問題，則要好好畫「關係線」而不是「底線」。

「人真的是習慣的動物！」準備選擇題時，「不會考的」或是「會考但已經會的」就不要畫線，這很重要，可是大部分的人就是改不過來！

各位一定會問什麼是「會考的」、「不會考的」呢？ 課文中其實很多段落是「不會考的」，只要看出不出得了題目就知道！

請看範例3-1公文裡「簽」、「稿」的撰擬這一段，大概有四行，提到：「簽」有兩種，一種是機關內部單位的「簽」，一種是下級機關對直屬上級機關首長的「簽」，那這怎麼考？ 在這裡，「簽」只有兩種，不太會考「何者為非」這種題型，因為它要有四個選一個，而這只有兩個，是出不了四個選一個的題目。

所以，一看到這一段，明顯的不會考成測驗題就直接跳過去。可是一

般大家的習慣，看到「簽」有兩種，一種是「機關內部單位的簽」，一種是「下級機關對直屬上級機關首長的簽」，就畫線畫了半天，浪費時間！

事實上，在有限的備考時間裡，我們還有太多「不會的」或「容易搞錯的」材料，需要進一步分析比較並運用記憶術多次背誦，要集中所有心力來對付它們，不可能還行有餘力來浪費在那些「不會考的」、「已經會的」內容上面！

範例3-1 測驗題課文閱讀方式示例之一（畫線錯誤）

簽、稿之撰擬

簽稿之一般原則：

1) 性質：

① 簽 為處理公務表達意見，以供上級瞭解案情、並作提擇之依據，分為下列 2 種：

A. 機關內部單位簽辦案件：依分層授權規定核決，簽末不必敘明陳某某長官字樣。

B. 下級機關首長對直屬上級機關首長之「簽」，文末得用「敬陳 OO 長官」字樣。

② 「稿」為公文之草本，依各機關規定程序核判後發出。

本文摘自賀冠甄編（2014）。事務管理大意。新北市：宏典文化。頁022。

第二個什麼叫「自己已經會的」？ 請看範例3-2，雪恩將組織文化分為三種層次：一個是器物、一個是價值層、一個是基本假定這三種層次，這種內容會考嗎？ 會！他給你加個第四個，比方說「風俗習慣」，請你選哪一個是錯的？凡是有三個、四個、五個條列式的內容，都很可能出這樣的「找碴題」。

範例3-2 測驗題課文閱讀方式示例之二（正確：不隨意畫線但做記憶術）

組織文化的層次

（器去）（價架）（基機）

雪恩（Edgar Schein）將組織文化分為下列三種層次：

1. 器物（artifacts）：
組織將其價值付諸於外的表現方式，屬於外顯的價值，一般人用肉眼即可看見。
例如：制服、法規、產品、徽章、建築、器具。

2. 價值層（values）：
組織所偏好的事物、主張、觀點。例如：組織目標、組織策略。

3. 基本假定（underlying assumptions）：
組織對於周遭人、事、物，視為理所當然、習焉不察的潛藏信念，基本假定是組織文化的行動、價值來源。

雖然雪恩將組織文化分為三層，但此三種層面並非全然獨立，而是彼此間相互影響，組織根據基本假定，對外在環境進行價值判斷，判斷過後的結果，直接反應在執行的行為或器物上，所以執行行為的好壞或器物的外在表現，深受基本假定所影響。

原文摘自高凱編著（2013）。行政學（概要）：申論題精解。台北：高點文化。頁3~4。

但是，如果問你：「下列何者屬於組織文化中的器物？」課文中有制服、法規、產品、徽章、建築、器具等項，但這些如果會考，你也會！因為在你的「常識」中，這些都是「器物」，不是「價值」，也不是「基本假定」；你如果不會搞錯，這一行一個字都不要畫！

可是我們通常都：器物，制服、法規、產品、徽章、建築、器具，一直畫線、圈重點（如範例3-3），這就是浪費，浪費筆墨、浪費下次複習的時間。

再說「圈題」，就是把這一頁裡面會出，而你還不會的，或是你會搞錯的題目，用小圓圈圈出來，小圓圈內再依序標上1、2、3、4、5等數字，很多人都不習慣把它圈出來，就說用看的就好了，但下一次複習時不好看也看不

範例3-3 測驗題課文閱讀方式示例之三（錯誤：畫了不必要的線）

> ### 組織文化的層次
>
> 雪恩（Edgar Schein）將組織文化分為下列三種層次：
> 1. 器物（artifacts）：
> 組織將其價值付諸於外的表現方式，屬於外顯的價值，一般人用肉眼即可看見。
> 例如：制服、法規、產品、徽章、建築、器具。
> 2. 價值層（values）：
> 組織所偏好的事物、主張、觀點。例如：組織目標、組織策略。
> 3. 基本假定（underlying assumptions）：
> 組織對於周遭人、事、物，視為理所當然、習焉不察的潛藏信念，基本假定是組織文化的行動、價值來源。
> 雖然雪恩將組織文化分為三層，但此三種層面並非全然獨立，而是彼此間相互影響，組織根據基本假定，對外在環境進行價值判斷，判斷過後的結果，直接反應在執行的行為或器物上，所以執行行為的好壞或器物的外在表現，深受基本假定所影響。

清楚。有人說只要圈出來就好，不要再標1、2、3、4、5，為什麼？因為他沒有這習慣，習慣會害死人！你若標示1、2、3、4、5等數字，就代表有五題，下一次複習的時候，1、3、5題會了就打「Ｘ」（剔除），剩下兩題清清楚楚，就有成就感！建議大家要養成好的習慣，無效的舊習慣要改掉。

在範例3-4中，公文擬辦的方式有三種：先簽後稿、簽稿併呈、以稿代簽。很多人沒辦過公文，不懂這什麼意思，我知道第三種「以稿代簽」最簡單，就是不用請示、直接簽公文稿，等長官批准就可以發出去，不用再簽呈。

「簽稿併呈」就是簽請長官同意，長官同意之同時，公文稿也批准了，就直接發出去以節省時間。

「先簽後稿」比較複雜，內部先簽請長官同意以後，然後第二次再將公文稿上呈來請長官批示，為什麼這樣？因為這個案件很重要或是情況未明，或是人事升遷案件，必須先簽請長官同意。

例如要升哪個人當處長，那是長官的權責，你先簽請長官同意後，第二次才能上呈公文稿，也表示對長官的尊重。

總而言之，你要先知道這三種的性質不一樣，然後抓「會考的」：「什麼情形是先簽後稿？」「什麼情形是簽稿併呈？」（「以簽代稿」就免看了！）

想想看，需「先簽後稿」的情形有六個，你會不會搞錯？第一個是法令，第二個是政策的重大興革案件，第三個是還沒有得到結論，第四個是決策的案件，第五個是重要人事案件，第六個是其他。依照我的「實際領域」（常識），這六個我都不會搞錯，那麼，我一個字都不用畫線！但我們常毫不察覺地「習慣」統統畫滿線！

倒是「簽稿併呈」有三個情形，第二個是依法准駁但案情特殊須加以說明──這有點複雜，你可能會搞錯以為是「先簽後稿」。所以為了釐清，可以拉一個關係線、打一個「X」，表示與「先簽後稿」的關係是「負相關」；其他項目不會搞錯，就不要畫任何線。

這樣的作法可以省下很多事！一般人的習慣是每一個都畫，除了每一條都畫線浪費時間之外，下一次要複習的時候也勢必要再看一下，更浪費時間。所以要養成習慣隨時問自己「會不會？」若已經會的就不要畫線（如範例3-5），這很重要！

範例3-4 測驗題課文閱讀方式示例之四（錯誤：畫滿了不該畫的線）

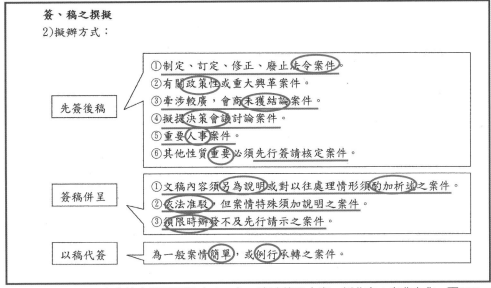

本文摘自賀冠甄編（2014）。事務管理大意。新北市：宏典文化。頁022。

範例3-5 測驗題課文閱讀方式示例之五（正確：只畫了必要的關係線）

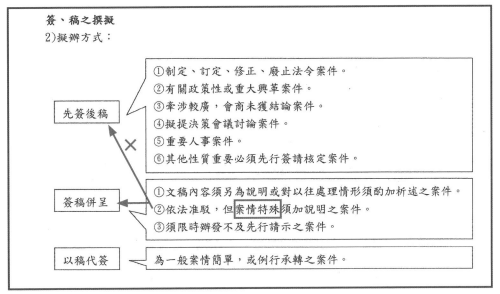

針對課文中較難、較複雜的內容，要運用熟悉的記憶術背誦，而非死背。

針對課文裡比較複雜、比較會搞錯的內容，一定要用有效的記憶術背誦。

有效的記憶術在《考典1》第106頁中有三種，另外還有一種叫「地圖聯想法」（《考典1》P.36）。但是，大家還是習慣在碰到比較複雜、容易搞錯的就「死背」。問題是，今天背得起來，那明天呢？三個月以後甚至一年以後，還背得起來嗎？

再說，一題背得起來，若連續十題、二十題、一千題背得起來嗎？很難！所以千萬要改變習慣，不要靠「死背」。

我們看範例3-6的車輛管理，這題是車輛怎麼報廢？有三種情形之一就可以報廢：第一，只要維修費用超過新車價值的百分之十以上就可以報廢；第二，燃料消耗超過百分之四十沒辦法改善；第三，最近三年的維修費，平均每年超過新車價值的百分之二十以上。你看，這多難背！「一次」、「三

年」、「燃料消耗」、「百分之十」、「百分之四十」、「百分之二十」，即使現在背得起來，隔幾天也會忘記，怎麼辦？

有一位會友J剛開始說她根本想不到好方法記憶，想很久也想不出來！我鼓勵她要練習，否則死背也沒用！後來她真的想到一個「4321」的辦法：

第一，燃料消耗要超過百分之四十；

第二，三年的維修費平均每年超過新車價值的百分之二十；「432」都有了；

第三，一次要維修超過百分之十──「4321」，這就背起來且不容易忘記了！

所以建議各位一定要改變「死背」的習慣，要用自己專長的、有效的記憶術整理，雖然剛開始耗時間，但是一定很值得！

範例3-6 測驗題課文閱讀方式示例之六（正確：運用上有效的記憶術）

車輛管理部分

(一)財產報廢

公務車輛已依規定辦理汰換或已屆滿規定使用年限而有下列情形之一者，應辦理財產報廢：

　　①須一次花費該車新購價值百分之十以上之大修費用始可使用。

　　②燃料消耗超過原廠規定百分之四十以上無法改善。

　　③最近三年之維修費，平均每年超過該車新購價值百分之二十以上。

```
4  燃料
3  年
2  平均
1  次
   大修
```

本文摘自賀冠甄編（2014）。事務管理大意。新北市：宏典文化。頁0-03。

看課文抓題時，一定要規畫每一頁的時間進度；
若時間不夠，則適當減少每頁的時間，但同時減
少每頁抓題的題數。

　　看課文抓題目的時候，一定要規畫每一頁的時間並建立習慣！一般看書
只求把書看懂，但就算全部看懂也記不起來，記起來也不一定考得好，為什
麼？

　　因為碰到找碴題就會搞混，你花十分鐘甚至十五分鐘看一頁也沒用！所
以，一定要抓題，有人說抓題蠻浪費時間。「不會！」最快一頁三分鐘，比
較難的花五分鐘、八分鐘，甚至十分鐘也值得，因為下一次就很容易複習。

　　但是一定要給自己一個限定的時間，怎麼限定？例如這一科比較簡單，
你看四頁假定十二分鐘（一頁需要三分鐘）；那一科比較難，從四頁的內容
中抓題目假定需要四十分鐘（一頁十分鐘）。一般而言，平均每頁抓題的時
間大概在一頁三分鐘、五分鐘、七分鐘、十分鐘，一頁看十分鐘是最大限
度。

　　當在設計備考計畫時，要自己先測驗這一科一頁要看幾分鐘，假定這

本書五百頁，看一頁需要三分鐘，一千五百分鐘除以六十分鐘，算出需要二十五小時；如果看一頁要十分鐘，就需要八十三小時。把所有科目的時數加起來，看夠不夠時間，這很重要！不要認為看懂就好，這樣不但沒有效率，對分數也沒大幫助！

建議不需用手機或計時器設定時間在一旁響，會太緊張！大概以一小時為主，如果一頁三分鐘，一小時二十頁，當從九點念到十點，就從第一頁到第二十頁做個記號；十點到十一點，第二十一頁到第四十頁做個記號，以一小時為單位來算。

如果進度快，你就可以休息一下，讓自己有成就感；進度太慢就要趕一下，切忌漫無時間限制下「看懂書」，很浪費時間！

有人會問，「如果備考時間不夠了，怎麼辦？」那要以時間為主！比如原本一頁需要三分鐘，就改為兩分鐘，兩分鐘的時間可能只夠抓兩題，不夠做地毯式的抓題，那就只抓重點。

比方本書第142頁範例3-2，雪恩將組織文化分為三種層次：一個是器物、一個是價值層、一個是基本假定。時間不夠，就只能抓大題目，這三個要記起來，若加第四個就錯；而此標題底下的主張、觀點、目標、策略等，考的情形比較少，就不用再看了。也就是說在時間的限定之下，能看多少就看多少，但要以最重要的先看！當然我還是主張用地毯式抓題法，若將時間好好精算，就不算浪費。

祕訣
7

> 備考第一階段時，就應善用零碎時間默想；可利用小卡片或錄音機簡單摘（錄）下課文的「圈題」重點，以利隨時隨地默想或複習。

　　我一直強調平時零碎的時間要有效運用，在備考計畫第一階段就應善用零碎的時間默想，才能確保第二階段的逐次剔除法有效達成！有讀者提到：

　　勾選完測驗題的考試重點後，在第二階段逐次剔除法開始施行前，是否該額外排定時間閱讀已勾選的重點呢？

　　我的建議是，不必另排時間閱讀，但必須在第一階段就要充分利用零碎時間默想。零碎時間很多！早上起床刷牙、洗臉的時間、上班在交通車上的時間、等約會或會議之前的時間、下班後交通的時間、餐後散步的時間、洗澡、睡前的時間等。

　　至於如何運用零碎時間？有兩種方法，一種用小卡片，一種用錄音。小卡片就是把課文裡「圈題」圈下來的簡單重點，運用有效記憶術重點記下，比方本章祕訣五提到的「4321」記憶法（P.147），不用照抄全文在卡片上，只要寫「4321」，有空就藉由這個小標示默想：

4：燃料消耗超過百分之四十，3、2：三年之內平均每年維修費用百分之二十以上，1：一次維修費要超過新車價值的百分之十！卡片上不用寫得密密麻麻，只要寫幾個提示性的關鍵語或圖案、數字就夠了！

利用零碎時間，拿小卡片出來默想，或聽錄音所錄下的圈題重點（不要錄全部課文，浪費時間），如此一來，平常就在背誦該記憶的東西，還能背誦好幾次，等第二階段進行剔除時，就會很好處理！

考前至少留一個月施行第二階段的逐次剔除法，
要將課文的「圈題」和題庫題目分別剔除三次以
上。

考前要留至少一個月或一個半月進行逐次剔除法，如果時間真的不夠，
起碼要留兩個星期。但是第一階段就要善用零碎時間默想，第二階段才能有
效剔除。

第二階段的逐次剔除法建議要進行三次以上。不管課文的圈題或是題
庫，第一階段的抓題要抓得很周密並謹慎。一般來說，若一頁平均圈題四
題，五百頁便約有兩千題。如果第一階段就善用零碎時間默想，在第二階段
的第一次剔除時，會剔掉大約四分之一（五百題）。

依據習慣領域的原理，有的題目你雖然不會，但是看過之後就更接近自
己的實際領域（即常識），跟實際領域越接近的題目就很容易被剔除掉。進
行三次剔除法後，兩千題會剩下不到五百題，考試前夕或考前一個小時再做
終極剔除。所以，真正能落實把準備材料百分之百派上用場的方法，就只有
用逐次剔除法了！這是《考典》書系獨特又有效的方法之一。

進行逐次剔除法剔除「圈題」時，要善用「先想後看原則」，「想對的」才是「真會的」，才能放心地把它剔除。

會友們對於什麼題目或內容可以放心剔除常感到疑惑，又覺得剔除掉的題目，有時還是會忘記！而且那麼多題目或內容無法在有限時間內全部剔除或背起來。

逐次剔除法是備考最有效的方法之一，但其必要條件是運用「先想後看原則」──此即在進行逐次剔除法以剔除課文中的「圈題」時，只許「瞄一下問題」（不看內容），就先默想；很快就想出來的，就代表已經會的，才能放心地把它剔除掉；下一次就不用再重複地看已剔除掉的題目。

切記，用想的比用看的有效──唯有「想得出來」，才能「記得起來」，也才能「寫得出來」！你必須徹底改掉「一直看著書背誦」效果不佳的舊習慣，改用「想得起來的就是已經會的」、「剔除掉的就不容易再忘記」的高效方法。

四不四要法：測驗題題庫練習需避免四項禁忌並
符合四項要領，才能有效地克服所有題庫的測驗
題。

　　每個科目的測驗題題庫少則數百題，多則一、兩千題，要全數克服掉相
當不容易！ 若需克服題庫一千題，應在第二階段逐次剔除法再進行題目演練
跟剔除呢，還是第一階段備考計畫就可以開始進行？

　　我認為在正常情況下，應到第二階段時再做題庫練習，但若在時間允
許下，第一階段時即可剔除一到兩次會比較安心。但建議要運用上「四不」
（四個千萬）、「四要」（四個最好）諸要領。

　　「四個千萬」如下：

　　1.千萬不能看完課文立刻做題庫（因為做對的可能是暫時性的記憶，也
不能剔除）。

　　2.千萬不能邊寫題目、邊對答案，應將該單元全部做完才一起對答案；
「答錯的」（含「猜對的」）應回到課文上「分析出」弄錯的原因。

　　3.千萬不要把答案勾到考題裡（因為下一次剔除時，會看到答案；以致

於答對的也不是真會的，而不敢剔除）。

4.千萬不要邊看答案、邊背；要善用「先想後看原則」，「想對的」才是「真會的」，才能放心地把它剔除掉。

還有，「四個最好」如下：

1.最好等到將課文全部「圈題」完畢，並施行第二階段課文第一次剔除後再進行題庫練習；因為答對的題目越多，就越有成就感。

2.最好把答案寫遠一點，也不要把答錯的分析文字寫在題目旁，以免下一次作答看到答案或相關解析文字，造成答對的題目不見得是真會的題目，就不能放心剔除。

3.最好不要今天剔完一次題目，明天馬上接著再剔第二次題目；因為做對的可能是暫時性的記憶，不便剔除。

4.最好在考前一週將課文「圈題」及題庫尚未剔除掉的題目，統整並分析成幾張A3大補帖（錯誤訂正筆記），留作考前一小時全力背誦；這時候，才可用「看的」來強記之用。

最後才做歷屆考古題或模擬考題，以測驗一下自己的實力；如行有餘力，可把已剔除的課文或題庫再做一遍，或另加一本題庫書練習。

　　建議將參考書後面的歷屆考古題或是模擬題，安排在第二階段的後段時間做一下測驗，以了解自己的實力。如果你還有充裕的時間，就可以把已經剔除掉的課文「圈題」重新再檢視一下，或是將題庫裡已經剔掉的題目，拿回來再測驗一下。

　　其實，我比較建議已經剔掉的就不要再看，寧可再買一本題解書（題庫）來練習，以增強自己的實力（但事實上較少人有這充裕的時間）。如果你做起模擬測驗來大部分都會，那就能信心十足，也一定可以金榜題名的！

第四章
作文與公文實戰策略

 作文寫作靠背誦佳文就穩了嗎?

 運用多元素材重整法整理出十五篇文章,來分段重組、彈性運用。

背誦佳文有利於作文寫作;但是不好背,也不好用。

若自己先找到足夠的素材(三百句)——好寫;

自己寫(整理出)的文章(十五篇,每篇二十句)——好背;

將自己寫成的十五篇文章(每篇本文三段,計四十五段)分段重組運用,比背誦別人的十五篇佳文,更好用。

多元素材重整寫作法：中、英文作文最有效的備考法是依照考古題題型先蒐集多元素材，再重整寫成十五篇好文章。

　　作文是最好得分的項目之一！大約花三天就可多得十五分以上，不要放棄！

　　一般要怎麼增強中、英文作文的實力呢？要多讀、多看、多寫，當然這是扎實的工夫，我並不反對。問題是，準備考試的人大都沒有那麼多時間，哪怕有一年、半年的工夫，也沒有那麼多時間多讀、多看、多寫，怎麼辦？多元素材重整寫作法是目前能夠在短時間內增長自己的作文分數十五分以上最有效的方法！

　　平常寫作靠自己的實力很有限，比如會友W寫這一篇文章〈論機會〉，是靠自己的實力。他的文筆很不錯、論述也清楚，但是從頭到尾都沒有用上一句名言，又沒有足夠材料，只有四百二十八字（參閱範例4-1）。這樣的作文雖然不錯，但如果我來給分，大概只會有二十至二十五分。

範例4-1 靠自己實力寫作之作文（未引用名言）

論機會

有人說：「機會能讓人更上層樓」，有人說：「機會是轉機」，而我認爲：機會讓人展現實力，達到眞善美的境地。

因爲機會而讓人明白踏實的重要。當機會來臨時，若仍處在空想當中，無法腳踏實地面對時，就無法讓危機成爲轉機，更無法再上層樓。例如：揠苗助長與句踐復國兩個例子，前者讓人明白無法腳踏實地的後果是無法實現夢想的；後者歷經艱難、腳踏實地的面對得以復國。也就是說：因爲能展現實力，而讓美夢成眞。

因爲機會能讓人善解挫折與困境。人因有了機會而有轉機，因有機會更上層樓，但更因爲機會，讓人有再一次展現實力的時候，以致得以翻身。在翻身之後，對過去的挫折與困境，有了不同的解釋與看待。如吳寶春拿到世界冠軍後，而能善解過去挫折；也就是說：因爲展現實力，而讓人得以善解過往。

因爲機會能讓生命再創高峰、激起浪花。人因有機會而有轉機，因有機會更上層樓，但更因機會而得以展現實力，使得生命得以再次彩繪，而更加美好！把握機會去扭轉命運，機會就是個人成長、成功，開創新局的關鍵！

因此，當機會來臨前，先準備好自己；而在機會來臨時，才能展現實力、展翅飛翔。

這位會友W後來經過我的建議，蒐集了一些素材，另外改寫成七百五十六字的作文（參閱範例4-2）。難能可貴的是，他的「本文」三段都有名言還有例子。

例如第一段，一起頭他即引西哲蘇格拉底所說：「幸運是機會的影子，抓住機會，幸運會跟著來。」這有開門見山之效；他也以喜劇大師卓別林為例，印證掌握機會的重要性。

第二段則用諺語說到：「機會不會上門找人，只有人去找機會。」又舉台灣經營之神王永慶如何主動地推銷自己的米店。第三段就用到中國古詩，並舉貝多芬的例子。

最後的結論則引孔子的賢言：「不患人之不己知，求為可知也。」這樣的文章就有深度也有分量，雖然只有七百五十六字不夠多，我想很可能拿到四十多分，最起碼也有三十五分到四十分。如果字體端正些、字數再加多到一千字，四十五分是有可能的！

範例4-2 有引用「名言與事例」之作文

論機會

有人說：「機會能讓人更上層樓」，有人說：「機會是轉機」；我認為：機會讓人展現實力、成就非凡，以達到真善美的境地！

西哲蘇格拉底曾說：「幸運是機會的影子——抓住機會，幸運會跟著來。」 機會是留給有準備的人，愚者看著機會溜走，智者順勢抓

住機會。也就是說：平時準備好實力，在機會來臨時，就乘勢而上，得以美夢成真。當年，五歲的卓別林因母親突然嗓啞，乃代替母親登台，竟能毫不怯場、維妙維肖地模仿母親唱歌，贏得了熱烈的掌聲，而開啓了一代宗師的演藝之路！踏實的學習能在機會來臨時，得以抓住機會、展現實力，乘風而起。

掌握機會也需要主動創造、積極開拓。俗諺云：「機會不會上門找人，只有人出去找機會。」與其「守株待兔」、等候機會，不如勇於開拓契機。台灣經營之神王永慶初開一間小米店，敵不過當時日本人開的大型米鋪，乃細心剔除米中砂石，挨家挨戶拜訪和推銷，並費心估算客戶家中的用米量，不待顧客叫米，主動送米到戶。因此，逐漸擄獲顧客的心而口耳相傳，客源倍增。

困境也是種機遇。古詩有云：「寶劍鋒從磨礪出，梅花香自苦寒來。」困境正可以磨練一個人的毅力，使人綻放出鑽石般的光芒。司馬遷因李陵案遭受宮刑，卻能含垢忍辱，發憤寫作，而成就千年不朽的著作——史記。德國貝多芬二十六歲時得耳病，面對命運的挑戰，以頑強精神克服困難，得以完成第九號交響曲。不論是司馬遷或貝多芬，他們都是因遭遇困阨卻能堅忍不拔、刻苦自勵，而能「化危機爲轉機」，再創生命最高峰！

孔子曾告誡弟子說：「不患人之不己知，求爲可知也。」我們應該培養自己具有可讓人欣賞與重用的素養與能力，在機會來臨時才能展現實力、展翅飛翔。並以平時的努力爲基礎，勇於主動開創新局，成就有意義的人生，以達到生命中眞善美的境地！

多元素材重整寫作法即由自己依照考古題題型先蒐集各種素材的句子約三百句，再重整寫成十五篇好文章。會友林郁馨用這方法寫了九十九年高考的作文題「學習與創新」，計一千一百二十三字（如範例4-3），如果你是閱卷委員，滿分六十分，你會給她幾分？應該會有四十五分以上才是！而這篇作文的素材主要來自十四句名言、佳句和例子等（如範例4-4畫底線部分）。當然，佳句和例子都經過適當的改寫而成。

範例4-3 運用多元素材重整寫作法之寫作範例A

學習與創意
林郁馨撰

　　孔子曾言：「學而不思則罔，思而不學則殆。」道出學習與思考須搭配運用，如此才能激發出創意的火花，而火花的不熄滅，也須持續不斷的學習與精進。因此，學習與創意正是該相輔相成，知識才能產生新的能量，為世界做出改變。

　　學習是進步的基礎，是成就人生的根本。萬物各有所長，假如人捨知識，則無一能及。哥白尼指出地球並非宇宙中心。而是以太陽為中心運行的言論，在當時受到眾人批評與壓迫，然而他仍堅持真理，不受壓迫，因此奠下了西方社會科學研究的基礎，人類文明正是因為這樣多的循環才得以建立。因此學習能產生學問，如此才能帶來真理，我們才能不盲從，成為能夠獨立思考的個體。誠如愛因斯坦所言：「學習知識要善於思考，思考，再思考，我就是靠這個方式成為科學家的。」在尋求真理的長河中，唯有學習，不斷的學習，勤奮的學習，有創造性的學習，才能越重山跨峻嶺。

　　愛因斯坦說：「一個從未犯錯的人是因為他不曾嘗試新鮮事

物。」學習是創新的源頭，而創新是新舊經驗的交接，自舊經驗而生。成億公司總經理丁三光是全球最具開創性的壁紙製造商，從當初賣一般壁紙轉型成手工壁紙領域時，遭遇完全沒有成果的煎熬，因爲天然物料如何製作成壁紙需要不斷的嘗試與投資，這樣的過程便是從錯誤的經驗中學習，學習後再加以創新，並再次修正方法與學習，成爲一個循環不已的過程。因此。創意像是未經琢磨的寶石，解決問題點能磨去礦石的雜質，重複數次磨去雜質的動作，最後才能成爲璀璨的寶石。我們便是在追求這些光彩奪目的寶石，人生才得以被妝點。

　　現今的社會是多元的，資訊是瞬息萬變的，知識是爆炸的，若不能跟腳步前進，隨時隨地學習新知識、新觀念，那麼能力就會日趨低落，無法提升，所以終身學習、累積學識便是身爲公務員應有的自我要求。在累積學識的同時，也不抹殺自己的多元智慧與創造力，而應提高創造力與競爭力才能提升工作效率與服務品質。改變一小步，便是成功一大步，個人改變了，才能擴及周遭人事物，甚至是國家。孟子云：「窮則獨善其身，達則兼善天下。」平常應保有學習之心，激發創意，那當國家有難時，又何嘗害怕沒有創意來突破困境呢。我們不應畫地自限，唯有大膽嘗試，接受挑戰，才能更向上攀到生命的高峰。

　　阿基米德曾說：「給我一個立足點，我就可以舉起地球。」而學習與創意，就是成就人類文明進步的支點，因爲有了這個支點，哥白尼才能夠將學問與知識做基礎，爲世界帶來眞理；因爲有了這個支點，丁三光才能夠從錯誤中學習，成爲全球最具開創性的壁紙製造商；同樣的，只要我們謹記學習與激發創意，將學習視爲成就人生的根本，當作創意的源頭，創意必定自持續不斷的新舊經驗中產生，使我們成就非凡。

範例4-4 運用多元素材重整寫作法之寫作範例B

學習與創意

林郁馨撰

　　孔子曾言：「學而不思則罔，思而不學則殆。」道出學習與思考須搭配運用，如此才能激發出創意的火花，而火花的不熄滅，也須持續不斷的學習與精進。因此，學習與創意正是該相輔相成，知識才能產生新的能量，為世界做出改變。

　　學習是進步的基礎，是成就人生的根本。萬物各有所長，假如人捨知識，則無一能及。哥白尼指出地球並非宇宙中心。而是以太陽為中心運行的言論，在當時受到眾人批評與壓迫，然而他仍堅持真理，不受壓迫，因此奠下了西方社會科學研究的基礎，人類文明正是因為這樣多的循環才得以建立。因此學習能產生學問，如此才能帶來真理，我們才能不盲從，成為能夠獨立思考的個體。誠如愛因斯坦所言：「學習知識要善於思考，思考，再思考，我就是靠這個方式成為科學家的。」在尋求真理的長河中，唯有學習，不斷的學習，勤奮的學習，有創造性的學習，才能越重山跨峻嶺。

　　愛因斯坦說：「一個從未犯錯的人是因為他不曾嘗試新鮮事物。」學習是創新的源頭，而創新是新舊經驗的交接，自舊經驗而生。成億公司總經理丁三光是全球最具開創性的壁紙製造商，從當初賣一般壁紙轉型成手工壁紙領域時，遭遇完全沒有成果的煎熬，因為天然物料如何製作成壁紙需要不斷的嘗試與投資，這樣的過程便是從錯誤的經驗中學習，學習後再加以創新，並再次修正方法與學習，成為一個循環不已的過程。因此。創意像是未經琢磨的寶石，解決問題點能磨去礦石的雜質，重複數次磨去雜質的動作，最後才能成為璀璨的寶石。我們便是在追求這些光彩奪目的寶石，人生才得以被妝點。

　　現今的社會是多元的，資訊是瞬息萬變的，知識是爆炸的，若不

能跟腳步前進，隨時隨地學習新知識、新觀念，那麼能力就會日趨低落，無法提升，所以終身學習、累積學識便是身為公務員應有的自我要求。在累積學識的同時，也不抹殺自己的多元智慧與創造力，而應提高創造力與競爭力才能提升工作效率與服務品質。改變一小步，便是成功一大步，個人改變了，才能擴及周遭人事物，甚至是國家。孟子云：「窮則獨善其身，達則兼善天下。」平常應保有學習之心，激發創意，那當國家有難時，又何嘗害怕沒有創意來突破困境呢。我們不應畫地自限，唯有大膽嘗試，接受挑戰，才能更向上攀到生命的高峰。

阿基米德曾說：「給我一個立足點，我就可以舉起地球。」而學習與創意，就是成就人類文明進步的支點，因為有了這個支點，哥白尼才能夠將學問與知識做基礎，為世界帶來真理；因為有了這個支點，丁三光才能夠從錯誤中學習，成為全球最具開創性的壁紙製造商；同樣的，只要我們謹記學習與激發創意，將學習視為成就人生的根本，當作創意的源頭，創意必定自持續不斷的新舊經驗中產生，使我們成就非凡。

如果時間確實不夠，也要挑選出五十到一百個熟悉的好句子（不只是名言）背誦。去年有位會友因時間的關係只抄記了數十句名言、佳句，雖然來不及重整出成型的文章，但她的作文就從前年的十七分提升到去年的三十五分，足足增加了十八分！

作文申論題化：作文備考法最簡單的寫作方式是依申論題的格式，即區分前言、本文三段、結論等五段寫作。

作文申論題化即依照申論題的標準格式前言、本文（三段）、結論等五段撰寫，而非傳統的起、承、轉、合四段，主要在於好寫、好準備。

本文以三段為宜，連同前言、結論等計五段。本文三段彼此平行、相互輝映，但不相隸屬或緊密聯繫。如此運用多元素材重整寫作法時，比較好寫；使用分段重組寫作法時，比較好用（整段搬過來重組）。如用起、承、轉、合方式撰寫，全文四段都要是相互緊密聯繫，不利分段重組運用。

不過臨場寫作時，審題很重要！比方「論機會」的題旨是機會對人生的價值，而非如何運用機會，如範例4-5的審題有偏差！另外，採申論題的精神而非其形式。範例4-6在本文各段落前都有標號，此作法在作文中不宜！即便一定要分段標號，也建議以「首先、其次／再者、最後／結之」代之（如範例4-7）。

範例4-5 作文寫作示例之一 （錯誤：審題有誤）

論機會

　　機會是使人生翻轉的關鍵，但對大部分的人來說，它是可遇不可求的，但對我來說，機會無處不在，只要懂得準備且珍惜，它肯定會幫助你，成為黑暗中的一道曙光。而要如何準備呢？得分為個人與國家方面，分述如下：

　　（一）個人方面

　　1.加強本身專業技能　除了對本身職能熟稔之外，應要多學習新技能，以輔助本身之業務，以更有效率之方式解決問題，並藉著擴大解決問題的範圍，不但能增加信心，亦能成為服務機構所器重之人。

　　2.多多參與社群活動　多多參與社群活動，不但能向不同領域的人學習新技能外，亦能藉由互助、互相學習之方式，充實自己，為自己預備更多機會、資源。

　　3.隨時充滿信心、正向觀點　信心與正向觀點非一朝一夕能培養出的，而需要平時養成。而充滿信心、正面的人，通常具有堅持的能力，處於困境時，能耐心的找出機會的存在。

　　（二）國家方面

　　揆諸我國，因歷史及先天資源的限制，無論在國際地位或是經濟方面，皆受到極大打擊；惟有平時培育優秀人才，運用地理優勢，及適時的產業轉型，機會才會找上門來，幫助我國扳回一城，擁有佳績。

　　承上所述，機會不會平白而來。我們必須要充滿信心、擁有正向觀點、勇於解決問題，時時充實自己，機會自然就會找上門來，幫助我們走向成功。

範例4-6 作文寫作示例之二 A（錯誤：分段標號不妥）

論機會

機會看似稍縱即逝，可遇不可求，殊不知機會在人生中無所不在，其實老天給予每個人的機會是一樣的，差別在於面對機會時的心態因人而異，積極的人在每一次的憂患中，都看到機會，或許它看起來微不足道；但那瞬間綻放的靈光，就是一次可以改變命運的機遇；因此，我們必須緊緊掌握每次的機會。

（一）　機會是命運對有夢想的垂青：以華特‧迪士尼為例，其為了實現畫家的夢想，借用人家廢棄的車庫作為畫室。在窮困潦倒、身無分文之際，在昏暗的車庫中遇見了「老鼠」，之後便畫出一系列的「米老鼠」卡通，而米老鼠卡通成為全球知名的卡通，華特因此成為負有盛名的畫家之一。

（二）　機會是受了挫折的陽光：以德國音樂家貝多芬為例，其26歲時得了耳病，面對命運之神「眷顧」，他並沒有屈服，反而因此譜出世界著名的名曲──《第九號交響曲》，成就了自己的音樂生涯、成就了自己的一生。

（三）　機會是粗糙的石頭，由技術熟稔的雕刻家，才能刻出它的價值。機會時常包藏於苦難之中，因此，倘要看出它的價值，並且把它發揮得淋漓盡致，必須依靠平時的細心，與平時不斷的努力累積實力，使自己成為一個技術高操的雕刻家，當遇上這「不起眼的石頭」時，能一眼看穿它，並且將它的效用完整發揮。

承上所述，機會是給準備好的人，倘若沒有平時的努力，即使機會前來敲門，你將連應門的勇氣都沒有。

因此，欲將機會緊緊抓住，必須依靠平時的努力與學習、正向思考，及具備堅定自己會成功的信念，機會自然就會找上門來，幫助我們走向成功。

考典2
國考、公職、銀行、研究所、各類證照、國營事業必勝全攻略

論機會

　　機會看似稍縱即逝，可遇不可求。殊不知機會在人生中無所不在，其實老天給予每個人的機會是一樣的，差別在於面對機會時的心態因人而異，積極的人在每一次的憂患中，都看到機會，或許它看起來微不足道；但那瞬間綻放的靈光，就是一次可以改變命運的機遇；因此，我們必須緊緊掌握每次的機會。我願就個人的體認，表達下列幾個看法。

　　<u>首先</u>，機會是命運對有夢想的垂青。以華特？迪士尼為例，其為了實現畫家的夢想，借用人家廢棄的車庫作為畫室。在窮困潦倒、身無分文之際，在昏暗的車庫中遇見了「老鼠」，之後便畫出一系列的「米老鼠」卡通，而米老鼠卡通成為全球知名的卡通，華特因此成為負有盛名的畫家之一。機會是留給「有夢想」的人！

　　<u>其次</u>，機會是受了挫折的陽光。以德國音樂家貝多芬為例，其26歲時得了耳病，面對命運之神「眷顧」，他並沒有屈服，反而因此譜出世界著名的名曲──《第九號交響曲》，成就了自己的音樂生涯、成就了自己的一生。機會特別眷顧「有缺陷」的人。

　　<u>再者</u>，機會是粗糙的石頭，由技術熟稔的雕刻家，才能刻出它的價值。機會時常包藏於苦難之中，因此，倘要看出它的價值，並且把它發揮得淋漓盡致，必須依靠平時的細心，與平時不斷的努力累積實力，使自己成為一個技術高操的雕刻家，當遇上這「不起眼的石頭」時，能一眼看穿它，並且將它的效用完整發揮。機會等待「有實力」的有緣人！

　　總之，機會是給準備好的人，倘若沒有平時的努力，即使機會前來敲門，你將連應門的勇氣都沒有。因此，欲將機會緊緊抓住，必須依靠平時的努力與學習、正向思考，及具備堅定自己會成功的信念，機會自然就會找上門來，幫助我們走向成功。

> 分段重組寫作法：臨場寫作文最穩當的方法是運用自己寫成的十五篇好文章，分段重組成一篇好作文。

　　為了要試驗這個「多元素材重整寫作法」操作是否簡單有效，我在七張禮拜堂開了一個作文衝刺班的讀書會，共有二十人參加，每人提供三十二個句子。本來，應由考生親自挑選自己熟悉的三百個句子，但是時間上來不及，我們便分配每人提供三十二個句子，再從六百多個句子中挑出三百零八句（如附錄1），然後依照「作文備考步驟與要點」（如資料4-1）實際操作這個方法。

　　以會友馮芳琬為例，她先把三百零八句依個人的習慣領域分成十五個主題，第一個主題是「學習」，最後一個主題（第十五個主題）是「自省」，範例4-8是她自己分配的示意表，這個工作必須用自己的邏輯思維，才會記得住。當天她抽到的題目是「論有恆」（如資料4-2），後來她運用了「分段重組寫作法」寫成了這一篇一千一百九十一字的文章，分成五段寫，請看範例4-9。

「多元素材重整寫作法」備考步驟與實作要點

一、 自行勾選「好句子」共計300句：

（一） 勾選自己「耳熟能詳」、「簡單易懂」的好句子；寫在卡片上，一句一張。

（二） 其中「名言」約50句，「好用的長句子」約250句。

（三） 「好用的長句子」舉例如下：1~3句好用，因為用字實在 （你也可以改寫）：

4~6句不好用！因為過於「抒情」（不太適合議論文）。

（○）1.我們為人、做事，若要 ~~挽狂瀾於既倒~~ 能有守有為、無愧於心，就非得深具責任感與榮譽心 ~~所產生的巨大力量~~ 不可。

（○）2.小至個人行事，大至治國安天下，有平時良好準備，必可自在從容、游刃有餘。

（○）3.身為現代公務人員，除廉潔自持、熟悉法規、嫻熟溝通技巧外，並應 ~~人情事理練達~~ 主動積極、守經達變，方能提供民眾最滿意的服務。

（✕）4.激流的泉水，永遠清澈；奮鬥的人生，永遠光明。

（✕）5.太湖石因頑固而受重視，天空雲彩因變化而受注目，變與不變，見仁見智。

（✕）6.春暖花會開！如果你曾經歷過冬天，那麼你就會有春色！如果你有著信念，那麼春天一定會來臨；如果你正在付出，那麼總有一天你會擁有滿園花開。

二、 素材重組實作要點：

（續下頁）

1.素材僅提供寫作時之參考，是「幫助」而不是「限制」（你可以選而不用）。

2.若「名言」太長，則可刪短；「好用的長句子」可刪短或「改寫」（還是可用）。

3.將300句（得加上自己另外準備的句子）依照自己的邏輯思維，歸納為15個主題（每篇約20句）；並撰寫成15篇作文：

1）先將「名言」分成15個主題（依自己的習慣領域，加上考題可能的「題型」）；

2）再將「好用的長句子」平均分配到適合的主題；

3）再將每個主題約20句分配前言（2句）、本文三段（每段5句）、結論（3句）；

4）寫作的方式採「作文申論題化」（即前言、本文三段、結論），而不採用傳統作文的「起、承、轉、合」模式；並得增加「名人事例」以強化論點。

三、 其他注意事項：

1.寫完後，應善用平日零碎時間「默想」。

2.考場實戰時，必可從容不迫地「分段重組」；起碼可以「引用嘉句」，或改寫句型、充實素材。

3.專業性題目及時事議題，應另外準備5題左右。（很重要！）請隨時蒐集相關的文章和好句子，考試前一個月再作「考前猜題」。

範例4-8 「分段重組寫作法」示意表

「分段重組寫作法」示意表

（以「論有恆」作文題為例） 馮芳琬整理

編號	主題	1.前言	2.本文（一）	3.本文（二）	4.本文（三）	5.結論
1	學習	29	讀書 38.65.67.114.230	不斷勤奮學習 44.68.117.126. 140.181.227.296	不斷勤奮學習 44.68.117.126.	212
2	成功與失敗	3. 71. 307	累積.好方法而成功 118.129.204.211.24 1.245.	失敗孕育成功 59.112.119.127. 134.169.184.203. 251.257.282.284. 292.	成功後回饋 70.150.178.75	28. 47. 83. 103. 176
3	堅持與努力	298. 246	勤勞 21.84.113.254.305	（二）堅持 57.179.250.275. 304.	勞苦.不怠惰 22.23.39.40.57. 60.130.213. 286	32. 300. 242
4	行政與法治	51	行政 177.219.220.277.278	法治 201. 234.236. 237.267	正身.廉潔 14. 91.159. 229.297	52. 216.
5	態度	308	自己決定 179.202	換角度想 108.121.136.197. 223.252. 261.289	看重自己 17.122.124.137. 158.303	125. 301
6	尊重.包容.快樂	121 143	尊重 76.109.111.154.161. 163	包容 18.40.66.107.253. 272.285	快樂 135.191.196. 295	108. 109. 19. 214. 231

（續下頁）

編號	主題	1.前言	2. 本文（一）	3. 本文（二）	4. 本文（三）	5.結論
7	逆境與挑戰	20.217	死於安樂： 99.167 不囿常規： 72.94.104.239.271.	（三）失敗挫折會更好 226.289.224.189.76.162	突破的方法 勇氣.立志.努力 142.215.185.300.273. 116.138.188.270.210.	145.221
8	公務員的工作	225	廉潔 92.80.160.229.159.259	服務 4. 93.162.180.	人情 54.100.165.172.191.266.268	6.309
9	立志.目標	173	（一）自己決定.立志 137.23.283.232.270.	信心.信念 55.85.168.298.192.306 策略計畫 42.249	生命意義在過程 7.19.106.125	189.194
10	大愛	26.146	愛國 27.98.133.157	貢獻 77.247.214.81.299	生命意義–工作.努力215.149.151.294.182	206.208
11	把握時機	36.183	惜時 13.82.120.128.170	把握機會 48.86.190.269.280	3.把握當下 37.115.132.240	302.
12	自律	73	自我信心 141.176.182	自我約束 50.69.102.105.	自我實現 11.88.265.274	209
13	踏實	244	努力 12.147.148.250.290	實在 45.207.222.233	從根做起 24.43.211.240.241	222.281

（續下頁）

編號	主題	1.前言	2. 本文（一）	3. 本文（二）	4. 本文 （三）	5.結論
14	敬業	1	察事精微 78.90.186.283	處事敬虔 35.103.202	臨事負責 89.174.260	152. 235
15	自省	10 231	自省工夫 16.171.258	反求諸己 25.87.205	勇於實踐 255.276.301	175. 215
考題	論有恆		（一）有恆首在「立志」	（二）有恆貴在「堅持」	（三）有恆終在「面向挫折時的轉念」	

註：咖啡色字表示：真正考題用上上述哪篇文章之哪個段落的哪一句。

「多元素材重整寫作法」模擬考古題題目

1. 反求諸己（101普）

2. 衡情酌理，守正修仁（101高）

3. 總能做一件事（100地特四等）

4. 論有恆

5. 簡約生活帶來的好處（100普）

6. 恪盡職守，主動積極（100高）

7. 傾聽民意（99地特四等）

8. 維護傳統與因應潮流（99地特三等）

9. 學習與創意（99高）

10. 知恥自律，成就明天（98普）

11. 志業與職業（98地特四等）

12. 依法行政與服務優先（98地特三等）

13. 我的工作藝術（98高）

14. 操守廉潔，盡忠職責（98普）

15. 積學與酌理（97地特四等）

16. 處事精微，臨事敬慎（97地特三等）

17. 台灣需要一個互相尊重的社會（97高）

18. 如何尋覓快樂的泉源（97普）

19. 論國家尊嚴與個人尊嚴（96地特四等）

20. 論人文精神與其時代意義（96地特三等）

21. 溫室氣體減量策略（96高技術類）

22. 行政中立與國家利益（96高行政類）

23. 擁抱生命中的每一分鐘，彩繪理想中的每一筆絢爛（96普）

25.生命中的堅持（95地特四等）

26.信念與成功（95地特三等）

27.如何提高自己的創造力與競爭力（95高）

28.慎己戒滿（102高）

29.講理（102普）

註：以上是「行政類」的作文考題；有關專技類的作文考題應更具專業性，比如，不動產估價師之「珍品」、司法人員之「刑責之適切性」與海岸巡防人員、關務人之「海洋」；律師之「法律與人情」、身心障礙之「形體有限，心靈無限」，以及會計師之「選擇與放棄」等等作文考題。以上專技考試人員應努力蒐集相關專業之好句子，以重整成適合其專業之15篇好文章。

第一段前言，她從第三主題「堅持與努力」的第一段前言中，引用兩句佳句，並經過改寫而成。

　　本文分三段，第一段寫到有恆首在「立志」，是用到第九個主題的第一段自己決定、立志，整段搬過來運用。至於本文第二段談到有恆貴在「堅持」，是從第三個主題第三段「堅持」這一段重組過來。然後，本文第三段談到有恆終在「面向挫折時的轉念」，這是從她的第七個主題中的第三段「失敗挫折會更好」整段搬過來改寫。

　　最後一段結論，提到《易經》名言「天行健，君子以自強不息」及「涓滴之水終可穿石」的佳句，乃從第三個主題「堅持與努力」的結論搬過來改寫而成。

　　你看這篇文章有名言、佳句、事例，加上字數超過一千字，應該可以有四十五到五十分的高分，這就是「分段重組寫作法」的妙用。

範例4-9 運用「分段重組寫作法」寫作範文

論有恆

馮芳婉撰寫

（298）人生就是一場對種種困難無盡無休的鬥爭，一場以寡敵眾的戰鬥，若要開創成功的人生，就要靠（246）一步一步踏實的而持久的努力，積少成多的效果往往像「柳暗花明」般突然呈現在眼前，邁向人生的康莊大道。俗語說：「失敗為成功之母」；我認為：「有恆是成功之父」──一切事情的成功，關鍵在於「有恆」。

然而，有恆首在「立志」。（23）老子有云：「千里之行，始於足下。」成功的人生，開始在於踏出的第一步──人生目標的選擇。（137）每一個人都要立志，都要有期待和準備，只有這樣，才能在面對困難的時候不會妥協，才能有所收穫；但在這個過程中要明白自己要做什麼、喜歡做什麼，這樣才有克服困難的勇氣和動力。（283）俗話說：「樹的方向由風決定，人的方向由自己決定。」（270）人生的目標需要自己決定，生命的步調需要自己掌握，生命的難關也要有勇氣跨越，才能邁向人生的坦途。

有恆貴在「堅持」。（179）機會是留給準備好的人，成功是屬於最堅持的人。（275）成功不在於快或慢，而在腳步不停，特別是能夠堅持到底者。我國古代大文豪（57）蘇軾曾說：「古之立成事者，不惟有超世之才，亦必有堅忍不拔之志。」竊以為「堅忍不拔之志」重於「超世之才」，有個世界著名的研究發現足資證明──美國芝加哥大學曾做了一個長達六十年的縱貫性長期研究，鎖定1623位十五歲左右智商在130到150間的男女學生，追蹤到六十年後這些人的發展情形。研究發現指出：在事業上最成功者，與他們的「智商」無關；卻與他

（續下頁）

們是否能「堅持不懈」有顯著的正相關，也就是說：他們的事業成功，歸因於努力不懈與堅持到底，而不在天資聰穎與否。

有恆終在「面向挫折時的轉念」。人生不如意者十常八九！面向挫折的心態，是人生成功與失敗的分水嶺。（76）美國總統林肯曾說：「困境對於人們會產生不同的作用：正像炎熱的天氣，會使牛奶變酸，卻能使蘋果變甜。」挫折與困頓，（224）看似阻擋去路的一道牆，卻是人生的試煉石，讓人生更加精采而散發光芒！（162）那些沒有品嘗過挫折的人，永遠體會不到成功的喜悅；那些沒有經歷過挫折的，人生並不完美的。真正有成就的人，都是在經歷了失敗和挫折之後才取得輝煌成就的。所以每當（189）遇到挫折、陷入困境時，只要內心轉念──「困苦是磨練人格的最高學府」、挫折正是人生的試金石，更加努力拚搏，就一定會度過難關，贏得令人敬佩、自己欣慰的燦爛人生！（289）有句話說：「只有在天空最黑暗的時候，才看得見星星。」聽起來詩情畫意，卻是人生的真諦：「磨難的人生，才品嘗得出美味。」

（32）「天行健，君子以自強不息。」易經上歸納人事天理運轉之法則，也就在於「行之有恆」。「有恆」的力量，可以「鐵杵磨成繡花針」，也足以（300）「涓滴之水終可穿石」，不是由於它力量強大，而是由於晝夜不捨地努力不懈的結果。人生多有曲折路，（242）當你走過一段生命的歷程，再回過頭來常常會使人發現真理。我輩若能立下「服務萬人」之志，且能堅持不懈、「行之有恆」，終必能享受「芬芳」美滿的人生！（1191字）

（註：上述句子前之編號，即本書附錄──308句名言佳句之編號。）

在考場時，不只是靠自己的實力寫作，還要靠你從準備好的十五篇主題作文（合計七十五段，本文計四十五段）裡的五段搬過來改寫運用。這個方法非常穩定可行，而且寫來從容不迫並且合理、合法，因為這十五篇文章是參考很多的素材而寫，又好寫、又好背、又好用！至於作文還需加上一些相關事例以為佐證，我整理出有關名人事例的素材（如資料4-3）供大家參考運用。

資料4-3 名人事例的素材彙整

「多元素材重整寫作法」名人事例表

參考書籍：《作文素材新航道》，賴慶雄編，螢火蟲出版社出版，2013年6月初版。

編號	名人	事例主題／名言	頁數
1	孔子	理想、擇善固執／不義而富且貴，於我如浮雲	9
2	孔子	勤奮／發憤忘食，樂以忘憂	10
3	孟子	自省、謙遜／行有不得者，皆反求諸己	12
4	孟子	生命與意義／生，亦我所欲也，義，亦我所欲也，二者不可得兼，捨生而取義者也	13
5	陶淵明	恆心、毅力、努力／勤學如春起之苗，不見其增，日有所長	24
6	韓愈	勤學／業精於勤荒於嬉	29
7	韓愈	讀書／讀書破萬卷，下筆如有神	29

（續下頁）

編號	名人	事例主題／名言	頁數
8	范仲淹	憂國／先天下之憂而憂，後天下之樂而樂	32
9	歐陽修	勤奮／書有未曾經我讀，事無不可對人言	47
10	文天祥	節操、寧死不屈／孔曰成仁，孟曰取義，惟其義盡，所以仁至。讀聖賢書，所學何事？而今而後，庶幾無愧！	60
11	蘇格拉底	理想／世界上最快樂的事，莫過於為理想而奮鬥	67
12	司馬遷	創新／窮天人之際，通古今之變，成一家之言	89
13	居里夫人	奉獻／在科學上重要的是研究出來的「東西」，不是研究者的「個人」	97
14	羅曼·羅蘭	努力奮鬥、熱愛人生／人生最艱苦的。對不甘於平庸凡俗的人是一場無日無夜的鬥爭	112
15	林肯	寬容／當他們變成我們的朋友，難道我不是在消滅我的敵人嗎？	115
16	愛迪生	意外、挫敗、自信／災難自有它的價值	135
17	蘇格拉底	哲學、生命／未經思索的人生不值得一過	141
18	比爾·蓋茲	興趣、成功／在你最感興趣的事物上，隱藏著你人生的秘密	151

（續下頁）

編號	名人	事例主題／名言	頁數
19	比爾・蓋茲	聆聽／特權使人腐化，但我想保持前進的動力	151
20	邱吉爾	恆心／我成功的祕訣有三個。第一個是，絕不放棄；第二個是，絕不、絕不放棄；第三個是，絕不、絕不、絕不放棄！	154

參考書籍：《作文大特蒐1》，季小兵編，正中書局出版， 2013年5月初版三刷。

編號	名人	事例主題／名言	頁數
1	孫中山	堅持、成功、權力／要做大事，不要做大官	35
2	愛迪生	勤奮、恆心、成功、創新／如果你希望成功，當以恆心為良友，以經驗為參謀，以當心為兄弟，以希望為哨兵	49
3	王永慶	勤奮／一勤天下無難事	69
4	愛因斯坦	勤奮／天才是百分之九十九的汗水加上百分之一的聰明	72
5	孔子	學習、思考／學而不思則罔，思而不學則殆	85
6	曼德拉	寬容／感恩與寬容是源自痛苦與磨難的，必須以極大的毅力來訓練	108

（續下頁）

編號	名　人	事例主題／名言	頁數
7	盧梭	感恩／生活需要一顆感恩的心來創造，沒有感恩就沒有真正的美德	141
8	黃美廉	堅強／我只看我所有的，不看我所沒有的	147
9	居里夫人	機遇／弱者坐待時機，強者製造時機	189
10	諸葛亮	敬業／臣鞠躬盡瘁，死而後已	203

公文備考法應設法記住公文格式及「公文寫作項目聯想」的參考要項並熟練之。

　　公文備考法要先記得發文的要件外，還要熟練「主旨、說明、辦法」這三段的寫作法。我設計了一個公文寫作項目聯想的參考要項（如資料4-4），供公文寫作時，可做多元而周延的思考。

　　「主旨」就是將考題的題旨精簡後，後面加上一個「請查照」就可以。「說明」通常分為四項：第一項一定是依據某一次會議，或是某一個長官指示的事項辦理，這一定要放在第一點，不能缺。通常題目裡面有這樣的文字，把它引用過來就可以；如果題目中沒有，則要設法「創造」一個。

　　說明的第二項通常要有一點聯想，要做背景的介紹，這個公文為什麼要辦理，除了依據長官的指示、會議的決議事項外，大概把時代背景介紹一下。通常寫「有鑑於」什麼事情，比方，十二年國教的主題，就「有鑑於十二年國教事關孩子的未來，每一位家長都非常重視，所以……」等。

　　第三項通常寫發文理由，題目上有一些文字是關於理由的，把它摘錄

公文寫作「說明」、「辦法」項目聯想要項

主旨：將題旨精簡，後加「請查照。」

說明：

一、依據某次會議或某長官指示辦理，如：

　1.依台北市政府101年8月12日第32次行政會議辦理。

　2.依行政院○年○月○日第○○○次院會院長指示辦理。

二、背景概述（題目內無相關文字，得發揮想像力），約有兩種寫
　　法如：

　1.鑒於——

　2.行政院為提升——

三、發文理由（摘錄題目有關理由）：

四、檢附附件，如：

　1.檢附「教育部辦理十二年國民基本教育說明會時程表」1份。

　2.檢附「行政院表揚公務人員要點」及「遴選表」各1份。

辦法：

一、人：如：

　1.請組成「十二年國教宣導諮詢專案小組」，專責辦理——

　2.請指派專責人員——／邀集專家學者——

二、事（一）：題目提及之事項，如：

　1.請配合本部規畫時程，分區辦理說明會，邀請——

　2.選薦過程與作業務求公開、公正、公平——

三、事（二）：計畫或辦法／針對不同的對象（一）／標竿學習，
　　如：

　1.希運用各種大眾傳播工具——

2.推動「節能減碳從燈做起」運動，倡導民眾──

四、事（三）：運用其他資源或管道／針對不同的對象（二）／督
　　導考核，如：

1.運用各種管道廣為蒐集各界建言──

2.舉辦「節能減碳」為主題之作文、演講、書法、海報設計、網頁
　設計等比賽活動──

五、時與地，如：

1.報名表件限於本（101）年12月31日前寄達本會（以郵戳為
　憑），逾期不予受理，視同自願放棄。

2.要求所屬社工人員加強訪查所轄鄉村地區之老人──

六、物：經費補助，如：

1.各縣、市政府辦理此項說明會所需經費，由本部全額補助。

2.各縣（市）辦理本項選薦工作所需經費，本會將核實予以補助，
　請辦理完竣後檢據備文送本會核撥。

過來就可以；如果題目上沒有，可以不寫。通常第二、第三項的順序可以互調。

第四項，如果這個公文有附件要發下去給各級參照，就加第四項說明「檢附附件〇〇〇」。

其實，最難的是「辦法」！並不是每件公文都需要有「辦法」，如果「說明」能解決的就好了。但因為是參加考試，你的「辦法」一定要寫，「辦法」要包含人、事、時、地、物，五件事情，其中最重要的是「事」。

「辦法」大概可以有六個思考的方向：

第一項是「人」，你訂一個辦法叫誰來做呢？是否組成一個專案小組來辦理呢？

第二、三、四項通常都寫「事」，因為是辦法，所以「事」佔的比例比較大。你要寫到什麼事情？在考題上提到什麼事情，你把它摘要過來，這是辦法二。

辦法三，你要寫到針對不同的對象（家長、學校、一般大眾）有不同的作法。這些針對對象性的事情可以憑著你的創意、聯想，寫出辦法三；通常也可以運用大眾傳媒工具做宣導；或是你要實行這個辦法需要找某單位做「標竿學習」等，這些可以放在辦法三。

辦法四，可以談到「事」裡的第三項，比方你可以運用相關的資源管道，或是最後做督導考核、獎懲等，可以放在辦法的第四項。

第五項，「時、地」可有可無，有沒有相關的時效性，或是有沒有指定的宣導地區等。

第六項，「物」通常指經費，如果是年度計畫的事情有預算，如果是額外加添的事情，尤其涉及面比較大的辦法，你要給各下級單位經費補助，並要他們何時結報？

所以，「辦法」加起來可以寫到六項之多，其中第二、三、四項通常寫「事」：重要的事情、針對不同的對象、考核、標竿學習等，就要靠你的創意聯想去想一些和這個事情有關的辦法。

策略 **5**

公文備考法應試做不同類型的考古題三題,再參考擬答批改後熟記之。

公文的「說明」、「辦法」項目的聯想,要靠一點實力!若能熟記上述第四個策略「公文寫作項目聯想」的參考要項,可以寫得比較周延而有勝算。接下來,你就要找參考書裡面最近三個不同類型的考題,比方關於教育部十二年國教、環保署節能減碳、衛生署食品安全等三題練習一下。

在你還沒熟記「公文寫作項目聯想」參考要項之前,你可以看著它寫作,但不宜看著「擬答」寫作,為什麼?因為若不看「擬答」寫作,寫對的話就代表是你的習慣領域裡面的東西,寫錯的話代表離你的習慣領域還很遠。

所以,等你寫完之後再參考「擬答」來批改,批改到的是你要記憶的重點要項,因為那一項你常常會錯或忘記!

比方食品安全的主題,要寫一個公文請各單位注意,你可能就派各地區的稽查人員去查驗;你可能忘了發文給各廠商,給他們一個警告,要他們了

解這件事的重要性，避免受罰；你可能也忘了對社會大眾施行宣導，請他們勇於檢舉，這樣才有效（參閱資料4-5）。你可能忘了上述這兩個對象，就要在批改時用紅筆改過來、做記號；考前的時候再提醒自己：針對不同的對象應有不同的辦法做有效的宣導或管制。

又比方節能減碳，你可能忘了可以透過大眾傳媒來宣導（參閱資料4-6）；你可能忘了可以透過老師對小朋友的教導（小朋友最聽老師的話了），再透過小朋友對家長的提醒；你可能忘了可以做一個獎懲辦法或是一個標竿學習的辦法等。等你寫完以後再對答案，用紅筆批改、訂正，考前再死背紅色字的項目，一定有效！

公文寫作除了內容應充實、周延外，其「說明」、「辦法」也有規定的縮格格式要注意，不要讓自己在小細節中被扣分。例如範例4-10的縮格有誤，且標號最好只有第一階（如：一、二、三），即使必須有第二階，也應該是（一）、（二）、（三），而不是1、2、3，應予以改正。

範例4-11的格式正確，但主旨應精簡，辦法五有關報名表件部分不宜（各下級單位自行訂定比賽辦法，不應向上級報名）。

範例4-12縮格格式明顯有誤，且「說明」與「辦法」項過於簡單，宜參考上項「公文寫作項目聯想」參考要項，酌予充實之。

資料4-5 公文寫作「食品安全」擬答範文

97年地方特考（四等）

＊試擬行政院衛生署致所屬機構函：請確實加強食品衛生檢驗，避免再發生中毒事件，以維護全民健康。（下行函）

行政院衛生署函

主旨：為維護全民健康，請確實加強食品衛生檢驗。希查照。

說明：

一、依行政院97年12月18日第五十次院會院長指示辦理。

二、鑑於邇來社會發生多起不肖廠商製造、販售含毒或過期食品造成民眾中毒、發病事件，不唯嚴重危害民眾健康，更引起消費者心理恐慌。為杜絕此類事件繼續發生，確保民眾食品安全，亟需加強市售食品衛生檢驗，以免再發生中毒事件。

辦法：

一、成立「食品衛生檢驗專案小組」，專責執行轄區食品衛生檢驗、取締事宜。

二、加強查驗市面所販售各類食品，並依〈食品管理法〉取締、公布不合格產品及廠商名稱。

三、發函轄區各食品工廠及販售食品商店，嚴格要求不得製造、販售含毒食品。

四、宣導民眾為確保食品安全，若對所購食品有安全疑慮時，可送至各地「食品衛生檢驗中心」檢驗。

五、宣導民眾為維護健康，應勇於檢舉製造、販售含毒食品之不肖廠商。

正本：所屬各機構

副本：行政院

署長 ○ ○ ○ （蓋職銜簽字章）

原文摘自楊仁志編著（2014）。最新國文—橫式公文勝經。台北：千華數位文化。頁369~370。

資料4-6 公文寫作「節能減碳」擬答範文

97年高考三級

＊試擬經濟部能源局致全國各機關學校函：鑑於全球暖化對環境永續威脅日益嚴重，特配合「世界環境日」，推動夏月「全民節能減碳從燈做起」運動，倡導全民養成隨手關燈生活習慣，朝向低碳經濟與低碳生活，以紓緩全球氣候變遷危機。（平行函）

經濟部能源局函

主旨：爲朝向低碳經濟與低碳生活，以紓緩全球氣候變遷危機，盼宣導教育民眾養成隨手關燈生活習慣。請查照。

說明：

一、依經濟部97年7月9日第27次部務會議部長指示辦理。

二、鑑於全球暖化對環境永續威脅日益嚴重，本局特配合「世界環境日」，推動夏月「全民節能減碳從燈做起」運動，倡導全民養成隨手關燈生活習慣。

三、根據台灣電力公司統計資料顯示：今年入夏以來，國人耗電量比往年同時段未顯著降低，足見民眾對節能減碳措施未加重視與配合，亟需加強宣導教育。

辦法：

一、組成「節能減碳宣導小組」，專責規畫、推動相關之宣導教育事宜。

二、利用傳播媒體及民眾集會活動時機，宣導教育民眾養成隨手關燈習慣的重要及好處。

三、製作宣導海報或看板，陳列於民眾出入頻繁之場所。

四、舉辦以「節能減碳從燈做起」爲主題之演說、作文、書法、漫畫等比賽活動。

正本：全國各機關、學校

副本：經濟部

局長 ○○○ （蓋職銜簽字章）

原文摘自楊仁志編著（2014）。最新國文—橫式公文勝經。台北：千華數位文化。頁365~366。

範例4-10 公文寫作示例之一（格式、標號錯誤）

作答前務請詳閱作答注意事項及試題說明

記分欄	（答案請從本頁第1行開始書寫，並請標明題號，依序作答）　第1頁

主旨：鑑於全球暖化並配合「世界環境日」，推動全民隨手關燈運動以紓氣候變遷危機。請查照。

說明：

一、依經濟部○年○月○日第○○○以會議辦理。

二、經濟部能源局為提升全民低碳生活意識，節能減碳之生活習慣改善，特致力世界環境動。辦理此活動。

三、鑑於環境永續威脅日益嚴重，夏日用電激增，配合「世界環境日」共營低碳生活改善氣候變遷問題。

四、檢附「經濟部能源局隨手關燈宣導海報」1份

　　2.檢附「隨手關燈機核表」1份。

（續下頁）

辦法：

一、

1. 請指派專責人員，於校內宣導本活動，專責辦理隨手關燈生活習慣之檢核及獎勵措施。

2. 請組成「全民節能減碳宣導話詞小組」專責辦理本活動推行事項話詞。

二、請配合本局規劃時程，辦理演講及說明會，邀請環保團體或專家學者於校內宣導永續發展觀念。

三、推動「全民節能減碳從燈做起」之相關主題語文、美術、網頁設計等競賽活動。

四、加強機關學校與所在地區之社區服務，連結在地住民，辦理以社區民眾為對象之節能減碳宣導講座。

五、各機關學校辦理也活動經費，由本部全額補助。

範例4-11 公文寫作示例之二（格式正確，內容待修正）

記分欄	（答案請從本頁第1行開始書寫，並請標明題號，依序作答）　　　第1頁

主旨：鑑於全球暖化對環境永續威脅日益嚴重，時配合「世界環境日」，推動夏月「全民節能減碳從燈做起」運動，倡導全民養成隨手關燈生活習慣，朝向低碳經濟與低碳生活，以舒緩全球氣候變遷危機，請查照。

說明：

一、依行政院○○年○○月○○日第○○○次院會院長指示辦理。

二、由於環境保護議題逐漸受到重視，為維護民眾生存空間，避免環境遭受巨大破壞及污染，並追求永續生存及發展，相關單位應提出具體計畫及實尊方式，令民眾邁向美好的生活。

（續下頁）

三、為執行節能減碳計畫，行
　　政院已申請專款經費，爰
　　請相關單位配合並實施各導
　　項低碳生活的加強及宣導
　　。

四、檢附「全民節能減碳計畫
　　實施要點」一份。

辦法：

一、請相關單位人員及學者專
　　家組成專案小組，針對相
　　關議題進行討論並擬定施
　　行計畫。

二、請配合本部規劃時程，分
　　別向教職人員及全校師生
　　進行宣導，並召開會議討
　　論具體執行方式。

三、為推動「節能減碳，從我
　　做起」運動，可針對一般
　　民家製作宣傳手冊，或於
　　公共場所張貼宣導海報，
　　及運用電子看板播放宣導
　　影片，以向民眾倡導節能

（續下頁）

減碳之觀念。

四、相關單位可舉辦「節能減碳」之徵文比賽、網頁設計、書法、海報設計等比賽活動。

五、報名表件限於本(103)年12月31日前寄達本會(以郵戳為憑),逾期不予受理。

六、各縣(市)辦理本項活動工作所需經費,本部將核實予以補助,請辦理完後後檢據備文送本會核發。

範例4-12 公文寫作示例之三（格式錯誤，內容過於簡單）

記分欄	（答案請從本頁第1行開始書寫，並請標明題號，依序作答）　　第1頁

二、公文

　　　　　　　　　　　　　　　　　　檔　　號：
　　　　　　　　　　　　　　　　　　保存年限：

　　　　　行政院衛生署　函

　　　　　　　　　　地　址：000台北市00區00路00號
　　　　　　　　　　聯絡方式：

主旨：請加強食品衛生檢驗，以維護全民健康。請查照。

說明：

一、近來民眾中毒事件頻傳，請各機構加強食品衛生檢驗。

二、檢附本項工作詳細經費支出表乙份。

辦法：

一、請組成「食品衛生安全檢驗小組」，專責辦理。

二、請分區辦理說明會，邀

（續下頁）

請各相關機構、工廠參加。

三、請運用各種管道與資源，廣為宣導，以利民眾建立正確食品衛生安全觀念。

四、各機構辦理本項工作所需經費，本署將核實予以補助，請辦理竟後檢據備文送本署核撥。

正本：
副本：

署長 ○○○（簽字章）

策略 **6**

善用逐次剔除法背單字、記片語、練文法，是贏得英文六十分以上的最佳方法。

　　首先，如果英文有考作文，你就更有勝算！一般英文都不考作文，所以要優先抓生字！找一本五千字單字本，注意一定要選擇中文、英文分兩邊編排的書。因為，若將中文遮住，一看英文立刻能正確知道中文的意思者，該生字就可以剔除！如此用逐次剔除法剔到只剩下最難的字，考前再來「強力死背」！背生字不是在努力「背不會的」，而是在「剔除會的」，如此不但較輕鬆、有成就感，而且有效果！

　　如果考古題也有考片語，則也用逐次剔除法背片語。文法需較多工夫！買一本特別為該類型考試專用的文法書，不管課文也好，題庫也好，都用逐次剔除法克服！一定可以多得好幾分。

中翻英，翻得越簡單越好！英翻中，翻得越複雜越好！

至於英文翻譯方面，平常有時間要好好買本書勤做翻譯練習。

臨考場時，中翻英的翻譯越簡單越好！比如「士不可不弘毅，任重而道遠。」如果照著翻，很可能生字和文法都搞錯，很吃虧！如果我把它簡要成：「讀書人要有人生目標，因為責任很大。」（A learned person should have life goals because of responsibility.）生字、文法不要有錯，少說有幾分，很珍貴！

英翻中的翻譯，則越複雜越好！例如 "The proposition which I mean to maintain as the basis of the press..." 假如我不知道proposition這字，我就猜它可能的兩種意涵（建議、主張），翻譯為「我的建議和主張在維護新聞自由的基礎上要……」，兩者可能猜中一個！

第五章

備考計畫實戰要點

 備考計畫中安排多次複習就有效嗎？

 運用兩階段備考計畫，比多次複習有效而且省時。

多次複習的作用在熟練考試內容，但成效有限且費時。

若第一階段（全時間的五分之四）能先做好申論題的完美筆記及測驗題的地毯式抓題；再進行第二階段（全時間之五分之一）的逐次剔除法，才是有效而穩當的備考計畫。

有效的備考計畫取決於精確地計算可用時間與備考材料。

　　備考計畫可說是成敗的關鍵！在《考典1》裡提到，備考計畫要計算到每一天的三段時間（上午、下午、晚上），每一段時間要做哪個科目的申論題從第幾題到第幾題？測驗題抓題要抓到哪一科的第幾頁到第幾頁？（《考典1》P.158）都要清清楚楚！

　　一般考生的備考計畫都做得不好，可以說是在「打爛仗」，不知到底「敵人」在哪裡？很多書一直在看、一直在背，越背越多，好像也記不起來，課本也都看不完，所以失眠、緊張、情緒不穩的狀況越來越嚴重，最主要的原因就是備考計畫沒有做好！

　　首先，要詳細計算自己有多少備考時間？這是必須做的事。我們先看錯誤的範例5-1，他排星期一到星期六每天上午、下午、晚上的課表，每一時段配一科：上午是行政學，下午是行政法，晚上是法學緒論。但是，要讀行政學的什麼內容？看測驗題的什麼題型？要做申論題的哪些題？都沒有！這些

相關資訊也沒有，全程的備考時間只能算是一張課表；備考計畫一定要計算到你全部到底有多少可用的時間。

範例5-1 備考計畫示例之一（錯誤：沒全程時間，不具體、不周詳）

課表式的備考計畫

	08:30～11:30	13:30～17:30	19:00～22:00	備考
（一）	行政法測驗	政治學測驗	法緒測驗	
（二）	行政學測驗	法緒測驗	公管申論	
（三）	政治學測驗	公管測驗	行政法測驗	
（四）	公管申論	法緒測驗	行政學測驗	
（五）	政治學申論	行政法測驗	公管申論	
（六）	公管測驗	行政學測驗	政治學測驗	
（日）				

　　範例5-2雖然沒有用表格，卻是不錯的計畫，當事人不是全職考生，白天要上班，每天可以念的時間只有五個小時；全程十二個禮拜，因此他用了後面的四個禮拜當第二階段的逐次剔除，第一階段可用八個禮拜、共三百零四個小時，第二階段可用四週、一百六十四個小時，很清楚！

範例5-2 備考計畫示例之二（正確：有全程備考時間；錯誤：兩個時間不符合）

「一次考上法」備考計畫

一、全程備考時間（計算到幾小時）：

1. 備考時間四月到六月底，約三個月，12週。

2. 預定第一階段八週、第二階段（剔除法）4週。

3. 第一階段每天5小時（採一一三制），

   5小時×每週5天＋8小時×每週2天＝41小時，

   扣除週五兼課（41-3）剩下38小時，

   38小時×全程8週＝304小時。

4. 第二階段每天5小時（採一一三制），

   5小時×每週5天＋8小時×每週2天＋3小時×每週1天＝44小時，

   扣除週五兼課（44-3）剩下41小時，

   41小時×全程4週＝164小時。

二、全部備考材料及時間初步配當（以報考高考「工業行政」為例）：

1. 專業科目六科，除了計算機概論併考申論題、測驗題外，每科都做40大題申論題筆記，每一大題配時1小時，故六科合計需240小時。

2. 計算機概論：考申論題、測驗題各半；測驗題備考法再區分：

   （1）課文「地毯式抓題」，五百頁，每頁三分鐘，需二十五小時。

   （2）題庫10回（每回一百題），每回一百分鐘，需十七小時。

3. 國文需自己整理作文十五篇，除利用平時零碎時間勾選三百句外，尚需20小時整理及背誦；公文需五小時練習。

4. 憲法測驗題，需20小時；法學緒論測驗題，需二十小時。

5. 以上四項，初估合計：347小時。

範例5-3用表格來顯示，這位當事人也不是全職考生，但比較麻煩的是，他禮拜六不是全時都可備考，有時三個禮拜要輪一天班，因此精算到全程有六百一十二小時，還沒有分兩階段。

範例5-3 備考計畫示例之三（正確：計算細密、清楚）

非全職考生備考計畫表

讀書時間表（4月重新修訂）　星期一到星期五要上班，星期六每三個星期要輪一次班。

階段	4/1～4/30（21天）（週一～週五上班日）	5/1～5/31（22天）（週一～週五上班日）	6/1～6/30（20天）（週一～週五上班日）	4/1～5/31（15天）（週六、日、例假）輪班補進度加強	6/1～6/30（9天）（週六、日、例假）	7/1～7/3（請假、休全天）
7點至8點（1H）						
8點至11點（2H）						
11點至12點（1H）	上班	上班	上班			
12點至1點半	上班	上班	上班	用餐、休息	用餐、休息	用餐、休息
1點半至5點（3.5H）	上班	上班	上班			
5點至8點（3H）	上班	上班	上班			

（續下頁）

階段	4/1～4/30 （21天） （週一～週 五上班日）	5/1～5/31 （22天） （週一～週 五上班日）	6/1～6/30 （20天） （週一～週 五上班日）	4/1～5/31 （15天） （週六、 日、例假） 輪班補進度 加強	6/1～6/30 （9天） （週六、 日、例假）	7/1～7/3 （請假、 休全天）
8點至 9點半 （1.5H）	下班、休息 用餐	下班、休息 用餐	下班、休息 用餐			
9點半至 10點半 （1H）						
10點半至 11點半 （1H）						
合計 念書時間 共計612H	每天 5H*21天 =105H	每天 5H*22天 =110H	每天 5H*20天 =100H	全天休 15天*11H =165H	全天休 9天*11H= 99H	3天*11H =33H
附註 （輪班時 間不算）				4/12、 4/19、 5/3輪班 （8點～5點）	6/7輪班	

當「可用的備考時間」算好以後，要接著精算有多少資料要念？

範例5-4有修正的必要。他計算人事行政需要幾天，粗估行政法需二十一天、行政學需二十一天，雖然把每科的頁數都算出來：七百五十九頁、八百二十四頁，但是沒真正用上！他只粗估每科二十一天的時間，特別是接下來每週（天）的計畫，又回復課表或沒有具體的進度，前半段計算了半天卻白費了！從何而來？不知道！

範例5-4 備考計畫示例之四（錯誤：計算根據不清楚，上下兩段沒結合）

備考計畫表

	頁數	天數	題型	
行政法	759	約21天 36頁 每頁約3～5分鐘	申＋選	
行政學	824	約21天 39頁 每頁約3～5分鐘	申＋選	4/1～5/31　59天 472小時（記時每天8小時）
考銓	864	約300小題考古題 （97～102年）尚未剔除重複	申	6/1～6/30（剔除法）30天 （記時每天10小時）
心理學	388	約18天	申	
各國	438	約20天	申	
刑總		看DVD		
民總	326		申	

日期（星期）	上午 9:30～12:30	下午14:30～18:30	晚上 19:30～22:30	備註
4/1（二）	行政法	心理學	各國	
4/2（三）	行政學	考銓	刑總	
4/3（四）	行政法	心理學	民總	
4/4（五）	行政學	考銓	各國	
4/5（六）			刑總	
4/6（日）	行政法	心理學	民總	

回頭看範例5-2，他詳細的計算所有的考科總共需要三百四十七小時。這個有問題，因為他第一階段可用的時間只有三百零四小時，所以不夠！如果不夠就可把第二階段的一百六十四小時挪一些過來用，或是調整考科計算的方法。

比方原訂一頁五分鐘或是題目要做幾題，可以酌予減少，調整到符合三百零四小時。

請看範例5-5，這個計畫就清楚、明白！他每天三階段，上午一個小時，下午一個小時（因為他要上班），晚上三個小時。做申論題的筆記，一個小時做一題，三個小時做三題，清清楚楚；禮拜六、日時間較多，又可以做其他的計畫。

範例5-6是全職的學生，他上午三個小時、下午五個小時、晚上三個小時，時間充裕。所以上午可以做申論題筆記一至三題，隔天早上再做四到六題。測驗題也一樣，每個早上可以做三十題，標示1～30，隔天再做三十題，標示31～60，再隔一天再做三十題，標示61～90，這是正確、具體而清楚的備考計畫！

範例5-5 備考計畫示例之五（正確：具體、清楚）

「一次考上法」備考計畫範例

表一：備考讀書計畫範例（第一階段，前八週）

日期（星期）	上午（1小時） 06：00～07：00	下午（1小時） 16：30～17：30	晚上（3小時） 19：00～22：00	備考
4/14（一）	管理學 申論題筆記 做1題（1）	管理學 申論題筆記 做1題（2）	管理學 申論題筆記 做3題（3～5）	註記進度 落後者
4/15（二）	管理學 申論題筆記 做1題（6）	管理學 申論題筆記 做1題（7）	管理學 申論題筆記 做3題（8～10）	
4/16（三）	管理學 申論題筆記 做1題（11）	管理學 申論題筆記 做1題（12）	管理學 申論題筆記 做3題（13～15）	
4/17（四）	管理學 申論題筆記 做1題（16）	管理學 申論題筆記 做1題（17）	管理學 申論題筆記 做3題（18～20）	
4/18（五）	管理學 申論題筆記 做1題（21）	管理學 申論題筆記 做1題（22）	（兼課）	
日期（星期）	上午（4小時） 08：00～12：00	下午（4小時） 13：30～17：30	晚上（3小時） 19：00～22：00	備考
4/19（六）	管理學 申論題筆記 做4題（23～26）	管理學 申論題筆記 做4題（27～30）	（補本週進度）	註記進度 落後者
4/20（日）	管理學 申論題筆記 做4題（31～34）	管理學 申論題筆記 做4題（35～38）	（補本週進度）	1.補進度 2.給獎勵

（續下頁）

表二：備考讀書計畫範例（第二階段，後4週）

日期（星期）	上午（1小時）06：00〜07：00	下午（1小時）16：30〜17：30	晚上（3小時）19：00〜22：00	備考
6/02（一）	工業管理測驗題題庫 剔除（一）1〜500題（每回1小時）	計算機概論測驗題題庫 剔除（一）1〜500題（每回1小時）	管理學 申論題筆記 剔除（一）1〜20題	
6/03（二）	工業管理測驗題題庫 剔除（二）501〜1000題（每回1小時）	計算機概論測驗題題庫 剔除（二）501〜1000題（每回1小時）	管理學 申論題筆記 剔除（二）21〜38題	
6/04（三）	工程經濟測驗題題庫 剔除（一）1〜500題（每回1小時）	統計學測驗題題庫 剔除（一）1〜500題（每回1小時）	工業管理學 申論題筆記 剔除（一）1〜20題	
6/05（四）	工程經濟測驗題題庫 剔除（二）501〜1000題（每回1小時）	統計學測驗題題庫 剔除（二）501〜1000題（每回1小時）	工業管理學 申論題筆記 剔除（二）21〜38題	
6/06（五）	人資管理學 申論題筆記 剔除（一）1〜15題	人資管理學 申論題筆記 剔除（二）16〜30題	兼課	
日期（星期）	上午（4小時）08：00〜12：00	下午（4小時）13：30〜17：30	晚上（3小時）19：00〜22：00	備考
6/07（六）	計算機概論 申論題筆記 剔除（一）1〜20題	統計學 申論題筆記 剔除（一）1〜20題	產業經濟學 申論題筆記 剔除（一）1〜30題	
6/08（日）	計算機概論 申論題筆記 剔除（二）21〜38題	統計學 申論題筆記 剔除（二）21〜38題	（補本週進度）	1.補進度 2.給獎勵

範例5-6 備考計畫示例之六（正確：具體、清楚而可行）

日期	上午（3小時） 09：00～12：00	下午（5小時） 14：00～19：00	晚上（3小時） 20：00～23：00	備考
（一）	刑事訴訟法 3題（1～3）	刑法 5題（1～5）	民事訴訟法 3題（1～3）	註記進度 落後者
（二）	刑事訴訟法 3題（4～6）	刑法 5題（6～10）	民事訴訟法 3題（4～6）	註記進度 落後者
（三）	刑事訴訟法 3題（7～9）	刑法 5題（11～15）	民事訴訟法 3題（7～9）	註記進度 落後者
（四）	法緒、憲法、英文 國文測驗題 總共30題（1～30）	民法 5題（1～5）	法院組織法 3題（1～3）	註記進度 落後者
（五）	法緒、憲法、英文 國文測驗題 總共30題（31～60）	民法 5題（6～10）	法院組織法 3題（4～6）	註記進度 落後者
（六）	法緒、憲法、英文 國文測驗題 總共30題（61～90）	民法 5題（11～15）	法院組織法 3題（7～9）	註記進度 落後者
（日）	（補本週落後進度）			1. 補進度 2. 給獎勵

假如你第一階段的時間明顯不夠，那就需要考慮：

1.何時可以停下工作來全時備考？

2.改變每頁的時間，例如測驗題的抓題從每頁五分鐘變為三分鐘？

3.改變題數或時間，例如申論題一百題變五十題，或一題一個半小時變一小時？

4.縮短第二階段時間，例如四分之一變五分之一；但至少三個禮拜。

總之，有效的備考計畫是將所有備考技巧「畢其功於一役」的重要關鍵！請注意，任憑技巧再巧妙，還需設計出有效的備考計畫，才能金榜題名！

時間充裕者，就要靠具體、可行的「正規備考計畫」，以維持持久的動力。

　　我嘗試著擬出備考時間的「最低標準」：

　　普考兩階段合計四百八十五個小時；高考兩階段合計一千一百五十（或最少七百）個小時。如果你可用來備考的時間超過上述時間，就算是有充裕的時間，可以採用「正規備考計畫」。

　　以下是我的計算方式：

◆ 普考最低所需備考時數：

　　1.測驗題課文抓題，每頁五分鐘；每科五百頁，專業四科合計一萬分鐘（一百七十個小時）。

　　2.測驗題題庫練習加上分析，每題一分鐘；每科一千題，四科合計四千分鐘（七十個小時）。

　　3.專業科目有一科有申論題，做完美筆記五十題，每題一小時半，計七十五小時。

4.共同科目約需五十個小時，中文作文二十個小時。

5.第二階段逐次剔除法，每科約需二十個小時；五科（含共同科目）計需一百個小時。

6.兩階段合計四百八十五個小時。

◆ **高考最少所需時數：**

1.專業科目有六科申論題，各做完美筆記一百題，每題一小時半，計九百個小時。

2.共同科目約需五十個小時，中文作文二十個小時。

3.第二階段逐次剔除法每科約需三十個小時，六科計需一百八十個小時。

4.兩階段合計一千一百五十個小時；若申論題減半（每科五十題各七十五個小時，六科計四百五十個小時），最起碼也需要七百個小時。

至於因備考很長（如一年以上），沒念書動力該怎麼辦？我的建議是：

1.每天給自己較寬裕但具體的目標，例如課文每頁六分鐘，今天有三小時，可看完三十頁；或可做完申論題兩題。並買個計時器按進度達成，最好能再找個夥伴監督自己。

2.每週達成目標時，獎勵自己一下！

3.規畫什麼時間前，例如：明年三月，一定要先完成第一階段！

總之，規畫要清楚並具體，成果要馬上看得出來（例如寫了多少題筆記？很具體而清楚）；每天能達成目標就代表你一定考得上，不會鬆散也不必慌張。

時間不充裕者，就要靠有彈性又有效的「非正規備考計畫」，以引燃爆發力。

　　如果時間很有限，應如何設計備考計畫？底下介紹「非正規備考計畫」：

◆ **測驗題：**

　　1.課文抓題減為每頁二或三分鐘，只在時間內抓重點題目兩、三題，不能做地毯式抓題！

　　2.第二段逐次剔除法減為每科十個小時，應該只能剔除兩次；考前晚上及考前一小時再做第三、四次剔除！

◆ **申論題：**

　　1.改做卡片筆記法一百題或五十題，每題三十分鐘以內（參閱本書P.102）。

　　2.跟同學合作執行考前猜題（參閱本書P.55），從時事議題和專業期刊題目中猜題。

3.第二段逐次剔除法減為每科十五個小時。

其實，我不太贊成用卡片筆記法，因為這種方法沒辦法增強我們所欠缺的論述能力，也較不能提供有用的材料充實其他申論題的答案。因此，我再推介另一個方法，完美筆記法與卡片筆記法併用法：

1.仍用A3國考格式紙，兩面、四頁印。

2.前面兩頁依完美筆記法寫考古題或較重要的題目五十題。

3.後面兩頁依卡片筆記法，寫出前面的題目之其他相關子題；但只記大標、小標及小標內的幾個關鍵字。

其實，事在人為！人在急迫的時間壓力下，常常更能發揮最大的爆發力！我考取政大東亞所就是個例子（《考典1》PP.144～148）：那時還當連長的我，軍校畢業已六年，該忘的都忘光了！我用一週來問消息，七週準備五科專業、兩科共同科目，平均每週要做完一百題申論題筆記，最後一週每天要剔除一科一百題申論題；第一天考完都不敢回家，躲在木柵小旅館「猛剔」，結果以第二名高中！人的潛力真的是無可限量！

要點
4

全職工作者上榜的祕訣在於「善於運用零碎時間」，這點也是金榜題名的最大利基。

有人因家庭與工作等因素可以專心念書的時間不多，因此在各考科的準備方式上，僅能盡量熟悉各理論與課文內容，也沒有時間做考題。在這樣的情況下，考試時便容易因對考題不夠熟悉及時間掌握不夠確實等情況，而造成答題架構不完整。

基本上，即使備考時間不夠充足，我建議還是要做申論題的完美筆記。做完美筆記有百利卻只有一害——花時間！但是，每科做完一百大題完美筆記時，已經完成百分之八、九十了！

想想看，你覺得花四個禮拜把課文看過三次，比較可得高分？還是做一百大題申論題的完美筆記再設法背熟，比較可得高分？當然是後者！即使有工作在身，可利用公餘每天寫兩、三題申論題筆記。

大家的時間都是一天二十四小時，你因為有全職的工作佔了很多時間。但零碎的時間加起來，可能比正規的時間還多！所以懂得充分利用零碎時間

才是最大的優勢。

法學的法條很難背，像《民法》共有一千兩百二十五條，少說要背個三十條，怎麼背？自己錄音比較親切，重點可以強調幾次。先把條號念出來，然後錄音的時候特別停留幾秒鐘，讓自己有時間先把要旨講出來，講不出來就跟著錄音再念一遍。做家事的時候、散步的時候、上下班的交通時間等就聽錄音，一天可以背好幾遍，很有效！

另外，有人發明一種「浴室澎澎背誦法」，專門在洗澡的時候背誦自己做的筆記，他把筆記裝在A4的透明夾內，貼在浴室的牆壁上；每次進浴室或是洗澡時就背誦，背起來很有效率。

零碎時間的利用很重要，如果不習慣使用零碎時間，最起碼要養成習慣每天用三個時段默想：第一個時段是上學、上班途中，第二個時段是放學或下班的時候，第三個時段是睡前十分鐘，所以一天起碼可以默想你做過的筆記三次以上！

每次約十到三十分鐘，默想（背誦）申論題十題左右，每題約一到三分鐘；若背誦一題超過五分鐘就太久了！請記住：「次數」比「強度」更有效──隔個時間重複背誦幾次就背起來了，不要想花長時間「一次」就背起來！

零碎的時間看起來似乎毫不起眼，但是想想那些滴水穿石、聚沙成塔的典故，就會了解零碎時間的寶貴。

善用「先想後看原則」施行第二階段的逐次剔除法，才能將準備的材料百分百地用在考場上。

　　我在此修改《考典1》的說法，重新主張等到第二階段再進行課文測驗題的第一次剔除，並且到第二階段剔除課文測驗題「一次」後，才開始做題庫「較佳」！（這樣題庫答對的會很多，較有成就感！）

　　切忌在第一階段該單元課文一看完，馬上做該單元題庫！那會讓自己弄不清是真會還是假會？但是，申論題在第一階段每天寫完後，就要利用零碎時間默想，否則等到第二階段便很難剔除！

　　請注意，第一階段利用平時零碎時間默想時，還不要把「已會的」剔除！第一階段的主要任務是做完申論題的完美筆記，或是做測驗題地毯式的抓題。等到第二階段剩下三個禮拜或一個月，才用默想法逐次剔除。

　　但是，如何確定剔掉的題目是已會的題目呢？如何保證剔除掉的一個月內不會再忘？

　　所以，本書第一章的「先想後看原則」（P.31）是剔除了就不必再重

複看的保證，為什麼？當你複習申論題題目時，因為第一階段已經多次「默想」了，應該不陌生或至半熟，一瞄到題目時，大標就要立刻想出來了，大標底下的小標也要想出來，甚至小標裡面幾個關鍵詞都可以想出來；若能很快想出來，表示你真的會，並已經變成你習慣中的「常識」，就可以放心剔除。

如果還有些地方想不清楚、不周全，就還要保留。通常第二階段要剔三次以上才有把握。最重要就是不管申論題或測驗題，千萬不要一直「盯著」筆記或課文背誦，這樣是背不起來的！因為靠著「眼睛」而不是「腦袋」的記憶是有限的！特別提出這個原則，請大家要重視！

每天做好心理調適和適度的運動，是讓備考有效率的先決條件。

　　身心的調適很難也最重要！一般來說，考期越近，發現書都沒念完，或是念完了都記不起來，情緒就會緊張、心慌意亂！如果不是天性比較樂觀，遇到越來越緊張的情況，很多人甚至會有很嚴重的身心疾病。

　　習慣領域有三種可以解壓的簡單方法：第一個是「笑」，每次哈哈笑笑個十秒鐘（五下），一天「自覺地」笑個六十次，加起來十分鐘，對身心的紓壓、心情的愉悅、讀書的效果，一定有大幫助！

　　問題是：你不太有機會發聲笑出來！那你就自覺地嘴角上揚，然後露出牙齒無聲地笑一笑，讓臉部放鬆一下，讓心情有個轉換的空間。

　　特別是早上起來面對鏡子，在不影響家人的情況下笑一笑，或要出門前提醒自己要笑一笑。給自己每天六十次的機會（上午、下午、晚上各二十次）自覺性的笑，對心理的解壓絕對有幫助！

　　習慣領域的第二種解壓方法是深呼吸，當你覺得緊張得喘不過氣或是很

憂悶時，到戶外或是在室內做個深呼吸，原則是「二、四、四」，吸氣兩秒鐘，憋氣四秒鐘，再慢慢吐氣四秒鐘，這是很好的方法。只要感到有壓力時就深呼吸十次，馬上就見效。

還有，不只是宗教信仰的問題，我覺得禱告也很有用！每天花一點時間向神虔誠禱告，祈求祂賜給你今天一整天平靜安穩的情緒，讓你念書備考有效果。就像《牧羊少年奇幻之旅》書上說的：「當你內心真正渴望一件事，全宇宙都會聯合起來幫助你！」特別是每天早上，你誠心祈禱今天會遇到好人、發生好事，有好的情緒、好的環境、好的讀書效果，一定會有幫助，因為宇宙冥冥之中幫助你的力量就會「集氣」而來！

我強烈的建議讀者，即使平常沒有運動的習慣，為了備考，一定要至少養成一種運動習慣；每天運動最好，如果不行，一個禮拜至少有兩次至三次的運動時間。這個非常重要！因為運動可以保持身體健康，身體健康頭腦就清楚、精神良好，念書就有效果。如果感冒，你可能好幾個禮拜沒有辦法念書！與其花費時間調養，不如每天花費半小時、一小時運動，相當值得！

當我準備考政大東亞研究所的時候，幾乎每天早上都跑步，哪怕平常不運動，越是備考期間越要運動。因為一個健康的身心靈可以讓備考有效率，可以記得清楚、記得牢。不要怕運動浪費時間，你可以運用慢跑的時候默想筆記，也可以戴耳機聽自己錄音的重點。

要點

7

考前三個月得重新調整備考計畫，要運用「小事累積成功原則」，集中全心力、追求高效率，贏得最後勝利！

　　考期將屆，有許多考生開始緊張起來，或因備考計畫不正確而致心慌意亂。如果你還沒開始做申論題的筆記，如果測驗題你只會看書而不會抓題，那你錯了！

　　如果你做一題申論題筆記要花兩個小時以上，那也太慢了！請重新調整（設計）三個月具體、可行的備考計畫，以利「一次考上！」

　　1. 這時候，建議不使用教科書（不容易找到答案），而使用參考書（有綜合性課文、有題目、有解答）為佳。

　　2. 請確定申論題是用了《考典》書系提出的的完美筆記法，並且每科做五十到一百題；測驗題則運用了地毯式抓題法。

　　3. 如果實在沒有足夠的時間，或是不會完美筆記法，也一定要執行卡片筆記法（P.102），並運用非正規備考計畫（P.217）。

　　4. 由於先前的努力，有些課目你已經念得比較熟了！相對地分配給它的

時間就比較少些。

5.請設計出每天可「抓幾頁（測驗題）」或「寫幾題（申論題）」的具體可行的備考計畫（請參閱《考典1》P.149以後「讀書計畫」章），每天趕上進度；若有趕不上進度者，週日留下補進度。

6.請留下三到四週進行第二階段的逐次剔除法。

要下定決心「置之死地而後生」。有這樣的決心、毅力堅持到底，所有的人力、物力、資源才會向你集中。千萬不要說：「我考考看吧！考上最好，考不上也沒關係。」你應該要說：「我要用盡一切辦法、竭盡一切所能，一次就考上！」

當然，專注、集中心力不代表緊繃、用盡所有時間，還是要有規律地作息。我建議各位一天念十個小時就好，可能用三、四、三小時的分配法，最多念十一個小時；不要念到十二到十四小時，第一，太緊繃，不長久；第二，沒有彈性趕上計畫好的進度，反而沒有信心與動力撐下去。

最重要還是要有具體可行的讀書計畫，很清楚今天要念到什麼進度，而且又要「可行」——今天只要稍微努力一下，就一定可以達到這個進度。因為備考計畫正確、具體、可行，每天的進度都可以完成，那你就會有小小的成就感，這種成就感可以讓你湧出內心喜悅的泉源，每天的小成就累積起來就是金榜題名！過程就是由「小確幸」引導到「大成功」、「小事累積成功原則」的運用，這個請大家用心體會，上帝祝福你！加油！

附錄1

「多元素材重整寫作法」308句名言佳句

（註：前96句是「名言」，後212句是「佳句」；提供讀者作為「多元素材重整寫作法」之用。）

1.天下難事，必作於易；天下大事，必作於細。（春秋老子·道德經）

2.仰不愧於天，俯不怍於人。（孟子）

3.吾心信其可行，則移山填海之難，終有成功之日。（孫文）

4.鞠躬盡瘁，死而後已。（諸葛亮）

5.靜以修身，儉以養德。（諸葛亮·誡子書）

6.先天下之憂而憂，後天下之樂而樂。（范仲淹）

7.不要為成功而努力，要為做一個有價值的人而努力。（愛因斯坦）

8.工欲善其事，必先利其器。（論語·魏靈公）

9.業精於勤，荒於嬉；行成於思，毀於隨。（唐·韓愈）

10.見賢思齊焉，見不賢而內自省也。（論語·里仁）

11.精誠所至，金石為開。（漢·王充）

12.盛年不重來，一日難晨再，及時宜自勉，歲月不待人。（陶淵明）

13.仁人者，正其誼不謀其利，明其道不計其功。（董仲舒）

14.道德常常能填補智慧的缺陷，而智慧卻永遠填補不了道德的缺陷。（但丁）

15.吾日三省吾身：為人謀而不忠乎？與朋友交而不信乎？傳不習乎？（曾子）

16.天不生無用之物，地不長無用之草。（俗語）

17.敬人者，人恆敬之；愛人者，人恆愛之。（孟子）

18.要散發光和熱，生命才有意義。（證嚴法師）

19.生命像一股激流，沒有岩石和暗礁，就激不起美麗的浪花。（羅曼·羅蘭）

20.哪裡有天才？我是把別人喝咖啡的功夫都用在工作上而已！（魯迅）

21.百善業為先，萬惡懶為首。（梁啟超）

22.天將降大任於斯人也，必先苦其心志，勞其筋骨，餓其體膚，空乏其身，行拂亂其所為，所以動心忍性，增益其所不能。（孟子）

23.千里之行，始於足下。（老子）

24.已所不欲，勿施於人。（孔子）

25.人生自古誰無死，留取丹心照汗青。（文天祥）

26.身可辱，家可破，國不可亡。（陳之藩）

27.無論黑夜怎樣悠長，白晝總會到來的。（莎士比亞）

28.讀書破萬卷，下筆如有神。（杜甫）

29.由儉入奢易，由奢入儉難。（司馬光）

30.天下之事，常成於勤儉而敗於奢靡。（陸游）

31.天下興亡，匹夫有責。（顧炎武）

32.天行健，君子以自強不息。（易經）

33.舜何人也？予何人也？有為者亦若是。（顏淵）

34.成功不是全壘打，而要靠每天的經常的打擊出密集安打。（RobertJ.Ringer）

35.人生成功的祕訣是，當機會來到時，立刻抓住它。（班傑明·戴瑞斯李）

36.過去的事已經一去不復返。聰明的人是考慮現在和未來，根本無暇去想過去的事。（英國·培根）

37.要經常聽、時常想、時時學習，才是真正的生活方式。對任何事既不抱希望，也不肯學習的人，沒有生存的資格。（阿薩·赫爾帕斯爵士）

38.堅其志，苦其心，勞其力，必有所成。（曾國藩）

39.天時不如地利，地利不如人和。（孟子）

40.凡事豫則立，不豫則廢。（禮記·中庸）

41.不積跬步，無以至千里；不積小流，無以成江海。（荀子）

42.人一能之，己百之；人十能之，己千之，果能此道矣，雖愚必明；雖柔必強。（禮記·中庸）

43.人生不出售來回票，一但動身，絕不能復返。（法國·羅曼·羅蘭）

44.當你真心渴望某一樣東西，整個宇宙都會聯合起來幫助你。（保羅·科爾賀《牧羊少年的奇幻之旅》）

45.智者不只發現機會，更要創造機會。（英國·培根）

46.求木之長者，必固其根本；欲流之遠者，必浚其泉源。（唐·魏徵）

47.利在一身勿謀也，利在天下謀之；利在一時勿謀也，利在萬世者謀之。（格言）

48.徒善不足以為政，徒法不足以自行。（孟子）

49.苟正其身，於從政乎何有？不能正身，如正人何？（論語）

50.金錢是無底的大海，可以淹死人格、良心和真理。（諺語）

51.法令規章是我們辦事的準則，但絕不是推卸責任的藉口。（蔣經國）

52.信心是命運的主宰。（美國‧海倫‧凱勒）

53.才能是刀刃，勤奮是磨刀石。（諺語）

54.若要人前顯貴，必先人後受罪。（諺語）

55.願望只是美麗的彩虹，行動才是澆灌果實的雨水。（諺語）

56.成功與失敗的分水嶺，可用五個字來表達——我沒有時間。（美國‧富蘭克林）

57.古之立成事者，不惟有超世之才，亦必有堅忍不拔之志。（北宋‧蘇軾）

58.夫君子之行，靜以修身，儉以養德，非淡泊無以明志，非寧靜無以致遠。（諸葛亮）

59.社會是人群的集合體，而不是他們各自本身。（孟德斯鳩）

60.學習知識要善於思考，思考，再思，我就是靠這個方法成為科學家的。（愛因斯坦）

61.玉不琢、不成器：人不學、不知道。（禮記‧學記）

62.讀一本好書，就像和幾世紀來最聰明的人對話。（笛卡爾）

63.凡事都留個餘地，因為人是人，人不是神，不免有錯處，可以原諒人的地方，就原諒人。（李嘉誠）

64.喜歡讀書，就等於把生活中寂寞的時光換成巨大享受的時刻。（法國作家‧莫泊桑）

65.必須記住我們學習的時間是有限的。時間有限，不只由於人生短促，更由於人的紛繁。我們應該力求把我們所有的時間用去做最有益的事。（斯賓塞，英國哲學家）

66.全世界什麼事情都很難控制，只有一個東西不需要天時地利人和，那就是自制力。（嚴凱泰）

67.成功的人應像柳樹一樣，愈壯大枝葉就愈下垂、愈謙虛，愈不能忘本，還要有感恩和回饋社會的心。（張榮發）

68.成功的力量，來自從一個失敗到另一個失敗，卻不喪失熱情。（邱吉爾）

69.一個從未犯錯的人是因為他不曾嘗試新鮮事物。（愛因斯坦）

70.一個人表現的優異或平庸，他們的差異與才華無關，而與行為習慣及基本原則有關。（管理學之父彼得‧杜拉克）

71.卓越的天才不屑走旁人走過的路，他尋找迄今未開拓的地區。（林肯）

72.再大的夢想，只要分段去做，總有一天能達成；再小的夢想，如果都不行動，哪裡都到不了。（嚴長壽）

73.我並不同意你的觀點，但我誓死捍衛你說話的權利。（伏爾泰）

74.美好人生並不在於擁有物質的一切，把自己貢獻出去，才能找到生命的意義。（美國暢銷

作家‧華里克牧師）

75.勿以善小而不為，勿以惡小而為之。（劉備）

76.困境對於人們會產生不同的作用：正像炎熱的天氣，會使牛奶變酸，卻能使蘋果變甜。
（林肯）

77.廉則政清，政清則民服。（宋朝‧蘇軾）

78.一個人的價值，應該看他貢獻什麼，而不是取得什麼。（愛因斯坦）

79.莫等閒白了少年頭，空悲切！（岳飛）

80.坐這山，望那山，一事無成。（曾國藩）

81.舜何人也？予何人也？有為者亦若是。（顏淵）

82.吾心信其可行，則移山填海之難，亦有成功之日；吾心信其不可行，雖反掌折枝之易，亦
無收效之期。（孫中山先生）

83.弱者等待時機，強者創造機會。（居里夫人）

84.為什麼看見你弟兄眼中的刺，卻不想到自己眼中的梁木？（聖經）

85.得志，澤加於民；不得志，修身見於世。窮則獨善其身；達則兼善天下。（孟子‧盡心）

86.莫見乎隱，莫顯乎微，故君子慎其獨也。（禮記‧中庸）

87.上下交相利，其國危矣。（孟子）

88.富貴不能淫，貧賤不能移，威武不能屈，此之所謂大丈夫也。（孟子）

89.為天地立心，為生民立命，為往聖繼絕學，為萬世開太平。（張載）

90.本來無望的事，大膽嘗試，往往就能成功。（莎士比亞‧維納斯與阿都尼）

91.創意像未經琢磨的寶石，解決問題點能磨去礦石的雜質，重複數次磨去雜質的動作，最後
才能成為璀璨的寶石。（Kanmi堂社長‧末永卓）

92.學而不思則罔，思而不學則殆。（孔子）

93.見賢思齊，見不賢而內自省。（論語）

94.天下興亡，匹夫有責。（顧炎武）

95.生於憂患，死於安樂。（孟子）

96.給我一個立足點，我就可以舉起地球。（阿基米德）

97.俗人看眼前，賢哲看久遠。禍患常積於忽微，唯有智者慮及深遠。

98.「反求諸己」是立身處事的根本立足點，倘日常生活時時自我反省、超越困境，當能逐步
實現人之為人的本性與夙願。

99.立身處世若能長期堅持言行一致,可以建立個人信譽;國家治事若能長期堅持政策一貫,則足以樹立施政方針。

100.故歷來成大事者,不會墨守成規,畫地自限。

101.只要秉持正道而行,不管榮辱都能無愧於心,坦然接受,就不會有「因物喜、因己悲」的情形了。

102.人生就像一座山,重要的不是它的高低,而在於靈秀;人生就像一場雨,重要的不是它的大小,而在於及時。

103.寬恕和體諒都是愛,讓我們一起把愛貢獻出來,給社會,給世界,給人間,使人間處處有溫暖,處處有溫情,處處都有愛。

104.用美好的心靈看世界,總是用樂觀的精神面對一生,多一分自信,少一分失望;用美好的心靈看世界,總是用積極的態度面對生活,多一分感激,少一分抱怨;用美好的心靈看世界,總是用頑強的意志面對困難和挫折,多一分勇氣,少一分怯懦。

105.如果你努力去發現美好,美好會發現你;如果你努力去尊重他人,你也會獲得別人的尊重;如果你努力去幫助他人,你也會得到他人的幫助。

106.如果你失去了金錢,你只失去了一小部分;如果你失去了健康,你只失去了一小半;如果你失去了誠信,那你就幾乎一貧如洗了。

107.尊重是一縷春風,一泓清泉,一顆給人溫暖的舒心丸,一劑催人奮進的強心劑。尊重別人是一種美德,受人尊重是一種幸福。

108.成功是白天的太陽,那麼失敗就是黑夜中的星辰,沒有星辰的降落也就不會有太陽的升起,耀眼的太陽也會有被烏雲遮掉的時候。

109.成熟的麥子低垂著頭,那是在教我們謙遜;一群螞蟻能抬走大骨頭,那是在教我們團結;溫柔的水滴穿岩石,那是在教我們堅韌;蜜蜂在花叢中忙碌,那是在教我們勤勞。

110.書籍好比一架梯子,它能引導我們登上知識的殿堂。書籍如同一把鑰匙,它能幫助我們開啟心靈的智慧之窗。

111.只有把握現在,才能在明天馳騁風雲;只有把握現在,才能充實虛幻的明天;只有把握現在,才能造就明天的輝煌。

112.人生旅程並不是一帆風順的,逆境和失意會經常伴隨著我們,但人性的光輝往往在不如意中才顯示出來,希望是激勵我們前進的巨大的無形的動力。

113.培育能力的事必須繼續不斷地去做,又必須隨時改善學習方法,提高學習效率,才會成功。(葉聖陶)

114.成功的信念在人腦中的作用就如鬧鐘,會在你需要時將你喚醒。

115. 障礙與失敗，是通往成功最穩靠的踏腳石。

116. 只有惜時如金，不虛度時光的人，才能擁有一個充實、無悔的人生。

117. 長廊將盡，希望在轉角；轉個彎，還是可以看到藍天。

118. 草木是靠著上天的雨露滋長的，但是它們也敢仰望穹蒼。

119. 接受學問的薰陶，就像呼吸空氣一般，俯仰之間，皆成心得。

120. 人不知而不慍，不亦君子乎。（論語‧孔子）

121. 生命像流星一樣，終點並不重要，最要緊的是發光。

122. 學習要有三心，一信心，二決心，三恆心。

123. 困難裡包含著勝利，失敗裡孕育著成功。

124. 一寸光陰一寸金，寸金難買寸光陰。

125. 行遠必自邇，登高必自卑。（禮記‧中庸）

126. 只要功夫深，鐵杵磨成繡花針。

127. 良藥苦口利於病，忠言逆耳利於行。（孔子家語‧六本）

128. 只有把握現在，才能在明天馳騁風雲；只有把握現在，才能充實虛幻的明天；只有把握現在，才能造就明天的輝煌！

129. 「慈母手中線，遊子身上衣」說的是親情；「人生得一知己足，斯世當以同懷視之」說的是友情；「曾經滄海難為水，除卻巫山不是雲」說的是愛情；「苟利國家生死以，豈因禍福避趨之」說的是愛國情。

130. 人生似一束鮮花，仔細觀賞，才能看到它的美麗；人生似一杯清茶，細細品味，才能品出真味道。我們應該從失敗中、從成功中、從生活中品味出人生的哲理。

131. 帶著一顆快樂的心，你會處處感到快樂；帶著一顆寬厚的心，你會處處感到溫暖。人生難免遇到傷害，要勇敢、堅強地面對，它就會成為難得的財富。

132. 悲觀的人，先被自己打敗，然後才被生活打敗；樂觀的人，先戰勝自己，然後戰勝生活。

133. 一粒種子，可以無聲無息地在泥土裡腐爛掉，也可以長成寬闊大樹；一塊璞玉，可以平庸無奇地在石叢裡沉睡下去，也可以成為稀世珍寶。一個人，可以庸庸碌碌虛度光陰，也可以讓生命發出耀眼的光芒。

134. 世間的事情往往是一分為二的。失敗雖然是人人不願得到的結果，但有時卻能激發人們堅忍的毅力；貧困雖然是人人不願過的生活，但有時卻能成為人們奮鬥的動力；痛苦雖然是人人不願經受的情感，但有時卻能造就人們剛強的性格。

135.知識是一座寶庫，而實踐是開啟寶庫的鑰匙。生活沒有目標，就像航海沒有指南針。

136.為學做人要以細水長流、愚公移山、龜兔賽跑的精神自強不息的學修，雖是笨人的方法，但一定能成功。

137.一個人都要立志，都要有期待和準備，只有這樣，才能在面對困難的時候不會妥協，才能有所收穫，但在這個過程中要明白自己要做什麼、喜歡做什麼，這樣才有克服困難的勇氣和動力。

138.人在身處逆境時，適應環境的能力實在驚人。人可以忍受不幸，也可以戰勝不幸，因為人有著驚人的潛力，只要立志發揮它，就一定能度過難關。

139.人之所以痛苦，在於追求錯誤的東西。不要自視甚高，也不要妄自菲薄，看清楚自己是什麼，要什麼。

140.有時候，重要的不是一個人能付出多少，而是他願意放棄多少。

141.一個勇者所處環境越是艱困，越是堅忍不拔，無謂於環境的磨練考驗，衝破難關，克服障礙，最後發光發熱，開闢出屬於自己的燦爛花園。

142.人生的真諦與價值：並不在於追求名利地位、榮華富貴及物質慾望的滿足，而是在發出生命的光和熱，散發自己最大的能量，創造出滿分的人生。

143.每個人一生中都應找一件正當的工作，不可好逸惡勞。不管任何工作都應發揮敬業精神，工作本無貴賤之分，正當工作都能對社會、人群有所貢獻，也能肯定自己的價值。

144.努力工作就是活出自我的積極、具體表現。真正完美的人生，並不在於一時的功成名就，而是堅持自己的理想目標，不斷挑戰自我、創造自我、超越自我，從而活出自我的格調，活出自己璀璨的人生。

145.享受人生並非榮華富貴，這是在耗損生命浪費人生。享受人生是享受自己努力工作的成就，享受自己不斷超越自我的喜悅，享受回饋社會、人群的滿足感。

146.成功是人人夢寐以求的，每個人都希望在有生之年能成就一番學問或事業，以活出自我、服務人群、回饋社會，才不會枉度此生，而與草木同朽。

147.一時的失意挫折，並非就是世界末日，天無絕人之路，環境越是橫逆，我們越要堅強勇敢地活下去，努力克服逆境，展現生命的韌性，為生命的意義下最好的註腳。

148.凡是各級公務人員以及一般平民百姓，不但要有居安思危、防患未然的觀念，更要有慮事精微、臨事敬慎的智慧與態度，才能洞燭機先發現問題的癥結。

149.現今的社會是多元的，資訊是瞬息萬變的，知識是爆炸的，若不能跟腳步前進，隨時隨地學習新知識、新觀念，其專業能力就會日趨低落，行政品質、工作能力就無法提升。是故，終身學習、累積學識，除了對各行各業的從業人員極為重要外，也是身為公務人

員應有的自我要求。

150.尊重別人是一把開啟和諧之門的金鑰，包容則是登上祥和天堂的階梯。必須善用這把金鑰打開人際間閉鎖的心扉，以高度的愛心包容周遭的人事物。

151.學識與經驗，就像鵬鳥的雙翼，唯有雙翼發育平衡健全，才能一舉千里。也唯有將學識與經驗緊密結合，使其相輔相成，才能相得益彰，超越巔峰，成就非凡。

152.人生的意義與價值，絕非只在追求高官厚祿，努力成就事業，為社會國家謀利造福，才是全力追求的目標。明白這層道理，那麼在做大事與做大官兩者之間，我們就知道應如何取捨抉擇了。

153.孟子曰：「生（生命），我所欲也；義（人格）亦我所欲也，二者不可兼得，捨生（生命）而取義（人格）者也。」

154.我們既然降生在世上，不論出生的環境是優是劣，都要努力扮演好自己的角色，即使只是陪襯紅花的綠葉或是固定機器的小螺絲釘，都有其不可或缺的價值與用途。

155.身為公務人員，擁有執行公務的公權力，更應該「節儉知足」，才能堅持廉潔的操守，保有崇高的人格，博得世人的尊敬與口碑。

156.圖謀私利、見利忘義是人類的通病。當自己選擇擔任公務人員的時候，就該認清其工作性質、職責，必須清心寡欲、勤儉自勵，做一個奉公守法的公務員。

157.凡是不懂得尊重別人的人，也必定不能以一顆包容忍讓的心去對待別人。人際關係的疏離冷漠，社會充斥的暴戾之氣，莫不肇因於此。

158.公務員應該抱著「做善事、種福田、積陰德」的心態，秉持「眼到、耳到、口到、心到、手到」的服務準則，主動積極深入民間，進而盡心盡力協助需求、解決困境。

159.社會充斥著脫軌失序的亂象，例如：上車插隊搶位置；不肖商人販售黑心食品，罔顧民眾健康；問政言語上充斥語言暴力。

160.身為公務員，切勿抹殺了自己的多元智慧與創造力，必須設法提高自己的創造力與競爭力才能提升工作效率與服務品質。

161.如此才能無私無我為人民提供最好的服務，為社會國家創造最大的福祉，成為一個「仰不愧於天，俯不怍於人」的優質公務員。

162.人生中都會經歷坎坷和挫折，挫折是成功的先導。那些沒有品嘗過挫折的人，永遠體會不到成功的喜悅。那些沒有經歷過挫折的，人生並不完美的。真正有成就的人，都是在經歷了失敗和挫折之後才取得輝煌成就的。

163.我們總是有很多美好的想法，卻因為害怕想像中的困難，而不敢邁出那一小步。我們停在困難面前的同時，也停在了美好的面前，空留下許多抱怨、嘆息與懊悔。須知，沒有

比腳更長的路，沒有比人更高的山。只要方向是對的，就不怕路途遙遠。

164.目標的堅定是性格中最必要的力量源泉之一，也是成功的利器之一。沒有它，天才也會在矛盾無定的迷徑中徒勞無功。

165.在別人藐視的事中獲得成功，是一件了不起的事，因為它證明不但戰勝了自己，也戰勝了別人。

166.每一日你所付出的代價都比前一日高，因為你的生命又消短了一天，所以每一日你都要更積極。今天太寶貴，不應該為酸苦的憂慮和辛澀的悔恨所銷蝕，抬起下巴，抓住今天，它不再回來。

167.雖然我們無法改變人生，但可以改變人生觀。雖然我們無法改變環境，但我們可以改變心境。

168.你的臉是為了呈現上帝賜給人類最貴重的禮物——微笑，一定要成為你工作最大的資產。

169.每個人都是自己命運的設計師和建築師。要想有所作為，就不能等待幸運降臨。世界上什麼事都可以發生，就是不會發生不勞而獲的事。所以，與其等待運氣來敲門，不如主動出門去找他。

170.「誠信」是立身行道的樞紐。青年守則說：「信義為立業之本。」尤其今天，社會結構非常複雜，社會分工極微細密，更需互信互賴、和衷共濟。

171.好習慣是一個人在社交場合中所能穿著的最佳服飾。

172.信心、毅力、勇氣三者具備，則天下沒有做不成的事。

173.任何行政措施，都必須與民眾相結合，以人民的利益為依歸。

174.試想：我們成功的背後，有著多少人的心血，為此，我們能不時常懷著一顆感恩的心嗎？而且在感謝之餘，更應回饋社會，這才是做人最基本的道理！

175.雖然不能預知人生的大戲何起何落，但可以決定演出的方式。

176.民主可以說是一種生活方式。這種生活方式有幾項基本要素，即自由、平等與法治。它的特徵就是「尊重個人尊嚴」、「重視權利平等」以及「篤信自由價值」。

177.在尋求真理的長河中，唯有學習，不斷地學習，勤奮地學習，有創造性地學習，才能越重山跨峻嶺。

178.匱乏與不順遂的困頓是一種深刻體驗，生命是在回應您建立信心與肯定自我生命的意義！

179.機會是留給準備好的人，成功是屬於最堅持的人。

180.成功是優點的發揮，失敗是缺點的累積。

181.不順利的逆境，要靠勇氣克服；不順意的人事，要用雅量包容。

182.小事不馬虎，必有大成就，成功源自於小心，失敗來自於大意。

183.一個人的快樂，不是因為他擁有的多，而是他計較的少。

184.消極的逃避問題並不會使困境消失，倘若我們可以換一個角度想，困境即是轉機，困境的背後，隱藏著通往成功的階梯。

185.因為人生不如意事十有八九，總是順境少，逆境多，人生的歷程，本來就是無數的戰鬥。

186.機會是留給有準備而且永不放棄的人，成功需要不斷的堅持與努力。

187.每天面對形形色色的民眾及不同任務的挑戰，若能快樂從容且積極對待每件人事物，相信一生是充實而值得。

188.信念，可以讓人透過失望看到希望；信念，可以讓人從逆境中奮起；信念，可以讓人從失敗中走向成功。

189.當遇到挫折、陷入困境時，只要心頭有一個堅定的信念，努力拚搏，就一定會度過難關，取得成功。

190.挫折成了砥礪人們意志的磨刀石，我們應當做一位生命的強者，堅強不屈，戰勝挫折，從而造就輝煌燦爛的人生！

191.幸福不是一種狀態，而是一種心態，但寧靜的心靈和滿腔熱忱會彈奏出精彩的樂章。

192.先為別人的快樂著想，是超人；先為自己的快樂著想，是凡人；使別人不快樂，自己也不快樂的，是笨人。

193.人活在世上，如果內心不愉快，無論到哪裡不感到憂愁呢？若內心坦蕩，不因外在環境紛擾傷了自己本性，那麼到何處不會快樂呢？

194.有德君子做人處事，只論公正是非，而不論個人的利與害；只講是否順逆於情理，而不論成功或是失敗；講求能否流芳萬世，而不講一生的富貴。

195.節儉，是一切德行共同的根本；奢侈，是各類罪惡中最大的問題。

196.欲使樹木長得高大，一定要鞏固它的根本。想要讓河流流得遠，一定要疏浚它的泉源。引申其意，即做任何事要重視根本、根本。

197.法律，必須適應時事變化而有轉變，不必全然相同。道德，是人心的根本，不可不同。

198.做事情不能盡心，就不能盡其力去完成；不能盡其力完成，便無法成功。

199.歷史此許多可以成功而結果失敗的史例，歸納其原因，不外二種：第一是因為圖一時的苟安，而忘記了崇高遠大的理想。第二是因為滿足一時的享受，不能繼續艱苦的奮鬥下

去。（蔣經國）

200.做事情必定要有好的成效，想要追求好的成效，一定要採行各種方法。

201.做事情是要盡自己之力，而不是埋怨別人；要反求自身，而不是苛責屬下。

202.立定志向要堅定，而不要想躁進；成功要能持久，而不在速成。

203.別人花一分力氣為學，我花十分力氣為學；別人花十分力氣向學，我花一千分力氣向學。如果真能實踐此精神，雖然本來愚笨，也能變聰明；縱使柔弱，也可以變強大。

204.原則與道理沒有徹底弄清楚，則聽到許多言論就會感到疑惑。意志沒有先立定，則善念就很容易動搖。

205.人不可以沒有驕傲的風骨，但不可以有驕傲的心。沒有驕傲的風骨，就會近於庸俗淺陋之人；有驕傲的心，便不能成為有德君子。

206.每當人生面臨逆境之時，若選擇逃避或退縮，將失去了創造命運的機會。不如將逆境視為成功的必經之路，勉勵自己不畏艱難的創造命運。

207.成功是世人追尋的目標，但它絕不是建築在虛無縹緲的夢幻中；也不是唾手可得的夢想果實，而是循序漸進、按部就班，一路上披荊斬棘，突破重圍，才能邁向成功之路。

208.蠟燭需要火苗，才能綻放光明；梅花需要寒冷，才能顯其堅忍；而我們正是需要學習，才能擁有智慧。

209.因為有一步一腳印的耐心堅持，所以駑馬可以行千里之路；因為有工匠的日夜琢磨，所以璞玉可以散發溫潤的光芒；同樣的，有了堅持的恆心，再大的困阻也將成為踏在腳底的成功基石。

210.人生的意義不是金錢利益的衡量，人生的目的也不是貪圖享樂的放縱，人生的價值是在於感恩與回饋的付出。

211.人最難戰勝的往往是自己，只有了解自己、克服自己的弱點，超越自己的缺點，才能展現生命的精彩。

212.自由就像一部疾駛的列車，而法治就像軌道一般，列車如不在軌道上行駛，出軌則車毀人亡，自由與法治亦然。

213.人生不免挫折，激勵自己將缺憾轉為動力、逆境視為希望的轉機，如此一來，挫折將會變成滋養我們生命最肥沃的膏壤。

214.敬業與合群如同絲綢的經線與緯線，唯有經緯線綿密交織、聚密接合，才能編織出工奪造化的美麗彩綢。

215.行政中立不應是號角響亮的政治祭儀，徒為政客擺弄的傀儡；行政中立更不是行政人員褊狹的墨守法規，為制度下冰冷的反應機制。

216.行政中立猶如事務官之盾，依法行政猶如事務官之劍，故事務官需有盾之保護，方可配合所持之劍，穩步執行國家賦予之任務。

217.逆境是向成功之路的必經過程，正如黎明前總是黑暗，處於逆境中更了解真正自我，不隨波逐流，以樂觀、積極進取的人生觀突破逆境。

218.雖然耕耘的過程是苦澀的，但所擷取的果實是甜美的，若不是在苦中求甘，如何能嘗出甜美的真滋味，是故要怎麼收穫，就要怎麼栽。

219.生命可以積極開創出絢麗多彩，也可以消極度日黯淡無光，想要多寬遠的未來，皆取決於態度的始然。

220.河有兩岸，事有兩面，在人生的旅途中，當逢絕境時，有時換個角度思考，從問題的另一個方面去著手處理，往往都能絕處逢生，發現其他可行之道。

221.有了遠大的志向，才能不畏艱難堅持下去，而不間斷的努力方是開啟成功的鑰匙。

222.黑暗再怎麼悠長，白晝總會到來；暴風雨再如何肆虐，雨過天青亦可期待。正如人生的道路，無論有多麼的崎嶇，遭遇多少挫折，只要心存希望，總會有平穩順遂的一天。

223.學習乃是時時刻刻不敢怠惰，虛心求教才不致面臨書到用時方恨少窘境。

224.看似阻擋去路的牆，卻是人生試煉石，讓人生更加散發光芒。

225.任何外在的利慾誘惑，都無法撼動一顆廉潔自律的心。

226.一本好書就像一艘船，帶領我們從狹隘的地方，駛向無限寬廣的海洋，得知人生之廣、世界之大、心靈之寬、學問之闊。

227.世界上最特別的橋，最令人感動的橋，不適橫渡滔滔江水的大橋，也不是跨越山巒疊翠的吊橋，而是存在於人心中那座溝通交流的橋。

228.誕生的生命如同張白紙，需透過本體的刻畫和揮灑，才能造就出作品。隨人所用的工具、色彩、觀察均有所異，呈現出的風貌亦別具韻味。

229.千里馬需要伯樂的賞識，才能脫穎而出；鑽石需要工匠的精湛琢磨，才能顯現光芒；知識學問需透過正確運用，才能產生力量，幫助世人。

230.奉公守法，則政府依法行政，人民不違法亂紀，真正治理國家的理想才得以實現。

231.為政者，若能洞察得失關鍵，並預先謀略擘畫，必能化禍患於無形。

232.依法執行是公務員行事的圭臬，倘若沒有法律授權，就失去了準繩，其行為恐有瑕疵偏頗之虞，政府公信力即喪失。

233.法治貴在實踐，若嚴於立法，而不能充分實行，亦無助法治社會建立。

234.宇宙是一個發掘不盡的寶藏，而知識即是開啟此寶的唯一鑰匙。

235.凡事不為常規所圍，真實的追求自我，不落俗套，人生活在世界上，一切皆有學問。

236.古往今來，能夠在事業上取得成就的人是很多的，他們的成就都是掌握每一個當下。

237.努力過今天一天很重要，無論樹立怎樣大的目標，如果不認真面對每日的工作，不累積業績，就不可能取得成功。

238.知足常樂，不等於安於現狀，而是懂得取捨，也懂得放棄。

239.企業只有真正遵循市場競爭的規律，固守道德和法律的底線，才能創造出成功的企業。

240.腳踏實地把握好今天，才是面對人生最正確的態度。

241.成功是在於一天一天的日積月累中取得。

242.把挑戰當作指南針，失敗當作試金石，當你走過一段生命的歷程，再回過頭來常常會使人發現真理。

243.用無私的眼光來看待事情，才會豁然開朗，問題才會突然出現簡單的解決方式。

244.若要做出正確的決定，一定要以真誠的生命哲學，作為行事的尺規。

245.就像奧運帆船選手提醒我們的那樣，只要有正確的策略，我們都可以逆風前行。

246.一步一步踏實的累積努力，積少成多的效果往往是突然顯現，某天，突然間像是按到什麼開關似的。

247.成功沒有祕訣，就是在行動中嘗試、改變、再嘗試……直到成功。有的人成功了，只因為他比我們犯的錯誤、遭受的失敗更多。

248.許多事情表面上很難，但從其背面來看卻是如此容易，學會換個角度去看待問題，眼界就會變得越來越開闊。

249.耐心和容忍是成功所必備的德行，一個人具有的美德，不是靠外在的偽裝，而是從細微中展現出來的。

250.所謂：「一勤天下無難事。」任何艱難險阻，都會因為「勤勞」而化為烏有；任何成功事業，也都會因為「打拚」而更加甜美。

251.唯有透過對外在事物的明察與內在自身的反省，才能使我們不斷地成長與進步。

252.明察即是具有敏銳的觀察力，能洞見萬事萬物的本質；明察能使我們穩握勝算，掌握全局。

253.成功固然好，失敗又何妨！最難過的是既沒有成功過，也沒有失敗過，不知怎麼就把一輩子的歲月過完了。（王鼎鈞）

254.無論得意或失意，內省都可以將所有的經驗化為更上一層樓的動力。

255.廉潔是我們的責任，是自律的指標，更是一種不懈怠的意志與最基本的品德要求。

256.明察使人掌握先機，而內省則有助於檢討錯誤，使人不再重蹈覆轍。

257.一個人內心的思想可以決定所要成就的事及方向，所謂：「態度決定一個人的高度」。

258.唯有敬業與合群兼籌並顧，我們才能成功地達到工作的目標，更有信心地朝著成功之路一步步前進。

259.學習是進步的基礎，是成就人生的根本。萬物各有所長，人捨知識，則無一能及。

260.學習與創意正是該相輔相成，知識方能產生新的能量，為世界做出改變。

261.堅持乃是源於責無旁貸的使命感、內心堅定的信念，以及對真理的追求與服膺。

262.公務與人情相輔相成，必須取其平衡，方能促進國家安定與人民福祉。

263.不論是古代商鞅變法助秦一統天下，或是現今安定的法治國，無不建立在一個健全法治的基礎上。

264.設身處地的為百姓謀福利，其兼顧公務與人情，使其並重且融通協調，正是公務員依法行政的最佳典範。

265.最有希望的成功者，倒不是有多大才幹的人；卻是最能善用每一時機去發掘開拓的人。（蘇格拉底）

266.勇於挑戰生命的挫折與波濤，才能繼續擴大自己的視野，而完成自己的夢想及目標。

267.我們不應畫地自限，唯有大膽嘗試，接受挑戰，才能更向上攀到生命的高峰。

268.海洋是世界最寬闊的東西，比海洋更寬闊的是天空，比天空更寬闊的是寬容的胸襟。

269.一個人最值得驕傲的，不是他的成功，而是他面對挫折的勇氣與努力。

270.生命的步調可以自己掌握，生活的方向可以自己決定，生命的難關也有勇氣跨越。

271.有了實踐的功夫，崇高的理論或道德，才能成為你我處事為人的準繩圭臬。

272.省思過後的改變中，我們才能邁開闊步，共同走向光明且充滿希望的明天。

273.行政中立的精神，在行政機關與人民的互動中獲得了實際的落實，而非徒具形式的口號。

274.行政人員依法行政的準繩外，更應闡揚行政中立實質規範的內涵，作為人民的標竿。

275.成功不在於快或慢，而在腳步不停。

276.機會從不敲第二次門。

277.凡是含淚播種，必能歡笑收穫。

278.為成功找方法，不為失敗找藉口。

279.鴻海董事長郭台銘：「魔鬼藏在細節裡。」

280.「命運」是失敗者發明的詞彙。

281.愛你的敵人，他將為你帶來無法想像的贈禮。

282.美國政治家富蘭克林：「怠惰，事事困難；勤勞，事事容易。」

283.樹的方向由風決定，人的方向由自己決定。

284.勤勞是窮人的財富，節儉是富人的智慧。

285.一個缺口的杯子，換一個角度仍然是圓的。

286.達文西：「上帝賣所有的東西，代價是你所付出的努力。」

287.美國政治家富蘭克林：「失足，你可以馬上站立；失信，你也許永遠難以挽回。」

288.最困難之時，就是我們離成功不遠之日。

289.只有在天空最黑暗的時候，才看得見星星。

290.人生就是奮鬥，在最悲傷的的時刻，不能忘記信念；最幸福的時刻，不能忘記人生的坎坷。人生不是鋪滿玫瑰花的途徑，每天都是奮鬥。

291.或許，人生並不都是那麼艱難；或許，簡單的東西也會讓人感到快樂，天堂和地獄的區別在於你同誰在一起；當你同喜歡的人在一起，一碗簡單的麵條也會變成世上最美的佳餚。

292.百米短跑，需要衝勁；萬米長跑，需要耐力。求知，不僅需要有百米短跑的衝勁，去掃除一個又一個的攔路虎；又要具有萬米長跑的耐力，去長期地一點一滴地累積知識。

293.我以前總覺得，隨波逐流的人不夠勇敢，可是我後來才發現，真正勇敢的人是隨波逐流當中，而不迷失自己的人。

294.不要因為理想遙遠而放棄，理想是因為我們放棄才遙遠。

295.當我們搬開別人腳下的絆腳石時，也許恰恰是在為自己鋪路。

296.請記住，阻擋你的障礙必有其原因。這道牆並不是為了阻擋我們，而是讓我們有機會展現自己有多想達到這目標。這道牆，是為了阻擋那些不夠熱愛的人而存在的。

297.別太在意其他人做些什麼，你唯一的競爭對手就是自己。努力讓每天的自己都比前一天更進步吧！

298.泰戈爾：順境也好，逆境也好，人生就是一場對種種困難無盡無休的鬥爭，一場以寡敵眾的戰鬥。

299.莎士比亞：你應該盡量發揮自己的才能，千萬不可依人做嫁，去做別人的尾巴。

300.涓滴之水終可磨損大石，不是由於它力量強大，而是由於晝夜不捨的結果。（德國‧貝多芬）

301.在天才和勤奮之間，我毫不猶豫地選擇後者，她幾乎是世界上一切成就的催生者。（愛因斯坦）

302.噴泉的高度，不會超過它的源頭，一個人的事業也是如此，它的成就，絕不會超過自己的信念。（美國‧林肯）

303.真正的失敗，是你放棄再嘗試的機會，你把失敗當作結局，停止繼續努力。（杏林子）

304.先天環境的好壞，不足喜亦不足憂，成功的關鍵完全在一己的努力。（王永慶）

305.一個真正的治國者，追求的不是他自己的利益，而是老百姓的利益。（柏拉圖）

306.天下事有難易乎？為之，則難者亦易矣；不為，則易者亦難矣。（清‧彭端淑‧為學一首示子姪）

307.法律是社會正義的最後一道防線。（西諺）

308.法律絕非一成不變的，相反地，正如天空和海洋因風浪而變化一樣，法律也因情況和時運而變化。（德國‧黑格爾）

特別感謝提供上述句子之會友：
林郁馨、黃崇豪、許尹綸、俞佩君、馮芳琬、胡素瑗、文鳳、張天宇、黃永成、黃蕙心、陳欣媛、姜季妍、林凱宏、陳婷、洪停芝、詠淳、朱惠譀、王琪平、林子翔、張瑩秋等20位熱心的會友。

附錄2

各相關資源（網站）應用篇　　　　符國惠、孫國維 編撰

1. 名稱：考試院考選部

網址：http://www.moex.gov.tw/

所有國家考試的最新資訊（考試期日計畫表）、考選法規、考選統計、試場規則、考古題等，都可以在這裡找到。特別的是，當你不知道自己可以考哪些國家考試時，可以在網站首頁左列的分類選單中的「應考人專區」找「應考資格查詢」，即可查詢自己可以考哪些國家考試！

2. 名稱：批踢踢國考板

網址：telnet://ptt.cc

PTT國考版是台灣最大的國考網站，是挑戰國家考試的必讀經典。收錄了超過10000篇有關如何準備國家考試的文章，內容包括各科目的準備重點，工具書、補習班、參考書的選擇，高考、普考、國營事業考試、地方特考等等；這裡也是許多考生交換彼此心得、吐苦水的地方。考生可利用BBS替代登入Ptt瀏覽，或改從網頁版http://www.ptt.cc/bbs/Examination。進入。

3. 名稱：公職王

網址：http://www.public.com.tw/

補教業界志光集團所屬網站，除了提供其補習班課程資訊與報名管道之外，還有最新考情、各類考試統計資料等。網站中各個考試的介紹，除了有考試時間與資格、考試科目與成績計算、歷年錄取名額，還有分發與工作內容、證照加計標準、投考組合分析等，非常詳盡。

4. 名稱：百官網

網址：http://byonr.tbk.com.tw/

輔考機構，專門針對「工／商科高普特考、國營事業」的考生。網站裡有各種考情資訊，如考古題、最新考情、各類考試統計資料、考取經驗談等。在網站首頁右上角有公職國營考試倒數計時，很貼心的提醒考生要把握時間。

5. 名稱：青草茶的部落格

網址：http://www.pixnet.net/blog/profile/htea

已考上7個公職工作的劉德彬，為了分享自己的經驗給尚在奮鬥中的國考考生們，所架設的個人部落格。有許多國家考試公文寫作實戰解析的分享，公文的組成、格式、版面的配置等，網站裡有非常詳盡的分析。

6. 名稱：**數位男女國考版&法律討論區**

網址：http://bbs.mychat.to/thread.php?fid=530

知名論壇網站的國家考試專用討論區。想獲得完整的討論權限，請先註冊成為會員。此網站分為三個論壇：法律討論、考取&現職甘苦談，以及解惑專區。

7. 名稱：**MYSUPER達人村**

網址：http://mysuper.com.tw

以國家考試為中心的討論區，首先要登錄為網站會員才能看到內容。諸如：讀書計畫表、增強記憶法、如何做筆記、國考榜首的心得與考上方法、國考作文達人、釋字修法新聞等，許多豐富的國考資源分享。

8. 名稱：**全國法規資料庫**

網址：http://law.moj.gov.tw/

政府設置的法規資料網站，可查詢最新、最完整的法規資料，從施行日期、法規沿革及相關細則都有，是國考考生們不可錯過的工具型網站。

9. 名稱：**雨木木十十方國家考試題庫網**

網址：http://itempool.rwwttf.tw

收錄93~102年所有考科的考題試卷（pdf檔），可說是所有考古題 all in one，必須要註冊才能使用，測驗部分的考題正逐一建構中，如果想要測驗，您可依教學文來進行建立該試卷的測驗題目。可以擺脫厚厚的考題書，只要一機在手，考古題庫就跟著走。

10. 名稱：**監所（警察）太平隨意窩部落格**

網址：http://blog.xuite.net/alex7018168/twblog

此部落格大部分針對監所管理員（監獄官）的考試，站長秉持著公益精神回饋社會，協助廣大考生金榜題名，有許多錄取心得、筆記資料，幫助考生解決考試上的問題。有許多考生福利文章、觀摩學習別人如何金榜題名，以及讀書考試小技巧學習如何順利上榜。還有不定期舉辦雲端讀書會並有錄音檔分享。

11. 名稱：**阿摩線上測驗**

網址：http://yamol.tw/main.PhP

目前規模最大的線上測驗網站，提供公職考試相關的題目；另外還提供測驗、行事曆、讀書會等相關功能。

12. 名稱：**國考就靠心智圖**

網址：http://mindmapexam.wordpress.com

一個針對心智圖如何應用於國家考試的網站，教導使用者如何利用心智圖法，

整理並有效記憶國家考試所需的龐大資訊。

13. 名稱：**行政院公報資訊網**

網址：http://gazette.nat.gov.tw/egFront/index.jsp

提供行政院 7大類型政策的有關法規、行政規則、公告及送達、處分的相關資料：

1）綜合行政

2）內政

3）外交、國防及法務

4）財政經濟

5）教育文化

6）交通建設

7）衛生勞動

14. 名稱：**國家發展委員會檔案管理局**

網址：http://www.archives.gov.tw/Default.aspx?c=4

收藏大量的國家檔案資料。

15. 名稱：**國立公共資訊圖書館電子資料庫**

網址：http://edb.nlpi.edu.tw/SSO/TERM/pages/resourceUserMain.jsp

收藏大量的學術資料。

附錄3

金榜題名者實戰心得篇

甘珮諭 撰

（102年研究所考試榜首及102年高考教育行政）

跟您分享半年內連過三榜的小祕密：

一、平時的讀書方法

（一）書籍的挑選

1. 以一本淺顯的書建立觀念

2. 採一本書主義（考用書）

3. 專書的閱讀（補足考用書不足，參考2~3本出題老師的書）

（二）筆記的製作

1. 上課筆記課堂上就要完成（不要浪費時間再謄一次筆記）

2. 考古題筆記最花時間，但非常重要（一次3本書，把上課筆記也納入）

3. 期刊、專書也整理成申論題筆記（考古題及專書、期刊筆記都可分工合作）

4. 善用讀書會的方式找到分工的夥伴（志同道合3~6人，信任、不藏私）

（三）讀書時間分配

1. 一天3科輪流讀（記憶、理解交錯）

2. 把時間切成早午晚時段，每時段3~4小時

3. 一天最少讀9小時，考前10~12小時

4. 安排讀書進度（以月、週、天為單位）

5. 把時間量化

6. 按部就班執行讀書計畫

7. 非全職考生更要做好時間管理

（四）考科策略

1. 高考的準備方法

（專攻專業科目、勇於面對弱科；共同科目把握公文、作文、憲法的分數）

2. 普考的準備方法（盡量每科兼顧，把握選擇題、法科及計算）

3. 教師甄試的準備方法（先拿到門票，複試全力衝刺教學）

4. 以考題類型擬訂作戰計畫

二、考題類型的準備

（一）選擇題：選擇題有正確答案，千萬要減少失分

1. 用閱讀的方式熟悉出題的類型（抓出考試出題的模式，若能動筆寫過更好）

2. 地毯式抓題（設定一頁需要多時間，地毯式抓題，一個都不放過）

3. 落實剔除法（剔除5~10次，直到考前全部都記住了）

4. 勤練考古題（讀完一星期再寫考古題，直接印A4的考卷增加真實感）

5. 善用補教名師程薇教授的盲點偵測本製作方法（把錯的題目集結到活頁筆記本成為盲點偵測本，閱讀時一樣用神奇剔除法）

（二）申論題：申論題答題重視系統性和邏輯性，留意細節更能擄獲閱卷老師的心

1. 有系統的整理考古題（按考選部出題大綱分類）—101年高考教育行政榜首提供

2. 製作歷年考古題筆記（分工合作vs.單打獨鬥）

3. 讀考古題的方法：先閱讀，再記憶

4. 考古題的練習（寫幾張完整的練習題請老師批閱；熟記大小標，看到題目能夠默寫出大小標；計時練筆感及時間分配）

5. 幾個問號就有幾個大標

6. 每個大標之下3~5個小標

7. 大標之下的小標數目盡量相同

8. 結語加上省思、批判、最新趨勢

9. 力求表面效度，但內容的敘寫質比量重要

10. 沒看過的題目要花更多時間答題

11. 審題時先做大小標草稿

12. 創造自己的答題SOP流程

13. 參加各種考試作為練筆增加臨場感

14. 保持對時事、最新的專書、期刊的敏感度

三、額外致勝小撇步

（一）心理戰

1. 製作榜單（天天看，越看越真實，明年就能榜上有名）—101年高考教育行政榜首提供

2. 知己知彼，百戰百勝（了解考試規則、閱讀考試方法的書、參考上榜者心得分享和分數）

3. 留意最新資訊（報考人數、錄取人數、增額錄取名額、預定職缺）

4. 成為上榜常勝軍（練筆、練筆再練筆）

5. 為自己加油打氣（勵志小語、正向心理學、認知失調論）

（二）考用品

1. 透明軟墊（桌面平整好書寫，准考證乖乖不亂跑）

2. 打造自己的無敵考試筆（同一款、訓筆保證不斷水、適當粗細、黑藍筆墨）

3. 手錶（清楚、數字大的圓形手錶）

4. 隨身小包及大書包（隨身小包放筆記大補帖；大書包書籍按考科順序排好）

（三）健康

1. 規律作息，早睡早起

2. 適當休息及充足營養

3. 聰明挑選幫助考試食物 ——補教名師程薇老師提供

　少吃起司、乳酪、奶酪（擾亂神經傳導）

　多吃鮭魚、牛奶、適量蛋白質（幫助記憶）

　洋甘菊茶〈安神助眠〉

　腸胃不適少吃豆類、十字花科、麵包

　考試當天的飲食：雞精、香蕉、水、茶（帶現成、方便食用的東西；午休）

（四）與時間賽跑

1. 善用零碎時間 （錄音檔、無線耳機、小卡、默想、背各科自製筆記大表）

2. 善用智慧型手機

3. 減少時間的浪費（但仍要適度放鬆）

4. 考前時間彌足珍貴（考前1週、考前3天、考前1天、考試當天、鐘響前）

5. 一張筆記大補帖隨拿隨看

6. 做好知識管理與分享（電腦檔案管理、讀書會的資訊交流與分工）

金榜題名之後，要回饋社會、感恩過程中幫助過自己的每一個人，別忘了還要廣結善緣，盡可能幫助其他人，讓自己有機會成為別人生命中的貴人：天助自助者，考場上的好運氣來自平常實力的累積。最後，也是最重要的一點，一定要對工作充滿熱情，莫忘初衷！共勉之！

國家圖書館出版品預行編目資料

考典2：國考、公職、銀行、 研究所、各類證照、國營事業必勝全攻略 / 陳膺宇
著. — 初版. — 臺北市：商周出版：家庭傳媒城邦分公司發行，民103.10
　面； 公分
ISBN 978-986-272-671-6（平裝）

　1.考試 2.學習方法 3.讀書法

529.98　　　　　　　　　　　　　　　　　　　　　103019060

考典2 國考、公職、銀行、研究所、各類證照、國營事業必勝全攻略

作　　　者	陳膺宇
企 劃 選 書	張曉蕊
責 任 編 輯	張曉蕊
校　　　對	吳美滿
版　　　權	吳亭儀、顏慧儀、林易萱、江欣瑜
行 銷 業 務	周佑潔、林秀津、黃崇華、賴正祐、郭盈均

總 編 輯	陳美靜
總 經 理	彭之琬
事業群總經理	黃淑貞
發 行 人	何飛鵬
法 律 顧 問	台英國際商務法律事務所
出　　　版	商周出版
	臺北市中山區民生東路二段141號9樓
	電話：（02）2500-7008　傳真：（02）2500-7759
	E-mail：bwp.service@cite.com.tw
發　　　行	英屬蓋曼群島商家庭傳媒股份有限公司　城邦分公司
	台北市104民生東路二段141號2樓
	電話：（02）2500-0888　傳真：（02）2500-1938
	讀者服務專線：0800-020-299 24小時傳真服務：02-2517-0999
	讀者服務信箱：service@readingclub.com.tw
	劃撥帳號：19833503
	戶名：英屬蓋曼群島商家庭傳媒股份有限公司城邦分公司
訂 購 服 務	書虫股份有限公司客服專線：（02）2500-7718；2500-7719
	服務時間：週一至週五上午09:30-12:00；下午13:30-17:00
	24小時傳真專線：（02）2500-1990；2500-1991
	劃撥帳號：19863813　戶名：書虫股份有限公司
香港發行所	城邦（香港）出版集團有限公司
	香港灣仔駱克道193號東超商業中心1樓
	電話：（852）2508-6231　傳真：（852）2578-9337
	E-mail：hkcite@biznetvigator.com
馬新發行所	城邦（馬新）出版集團
	【Cite（M）Sdn.Bhd.（458372U）】
	11，Jalan 30D/146，Desa Tasik，Sungai Besi，
	57000 Kuala LumPur，Malaysia
	電話：（603）9056-3833　傳真：（603）9056-2833
印　　　刷	鴻霖印刷傳媒股份有限公司
經 銷 商	聯合發行股份有限公司　電話：（02）2917-8022　傳真：（02）2911-0053
	新北市231新店區寶橋路235巷6弄6號2樓

ISBN 978-986-272-671-6（平裝）　　　　　　版權所有・翻印必究（Printed in Taiwan）
2014年（民103）10月初版　　　　　　　　　定價／350元
2022年（民111）12月初版 12.8刷

城邦讀書花園
www.cite.com.tw

廣告回函
北區郵政管理登記證
台北廣字第000791號
郵資已付，免貼郵票

104台北市民生東路二段 141 號 2 樓

英屬蓋曼群島商家庭傳媒股份有限公司

城邦分公司　收

請沿虛線對摺，謝謝！

書號：BO0213　　　　書名：考典2　　　　編碼：

讀者回函卡

感謝您購買我們出版的書籍！請費心填寫此回函
卡，我們將不定期寄上城邦集團最新的出版訊息。

不定期好禮相贈！
立即加入：商周出版
Facebook 粉絲團

姓名：＿＿＿＿＿＿＿＿＿＿＿＿＿＿＿＿＿＿＿ 性別：□男　□女

生日：西元＿＿＿＿＿＿年＿＿＿＿＿＿月＿＿＿＿＿＿日

地址：＿＿＿＿＿＿＿＿＿＿＿＿＿＿＿＿＿＿＿＿＿＿＿＿＿＿

聯絡電話：＿＿＿＿＿＿＿＿＿＿傳真：＿＿＿＿＿＿＿＿＿＿

E-mail ：

學歷：□ 1. 小學 □ 2. 國中 □ 3. 高中 □ 4. 大學 □ 5. 研究所以上

職業：□ 1. 學生 □ 2. 軍公教 □ 3. 服務 □ 4. 金融 □ 5. 製造 □ 6. 資訊

　　　□ 7. 傳播 □ 8. 自由業 □ 9. 農漁牧 □ 10. 家管 □ 11. 退休

　　　□ 12. 其他＿＿＿＿＿＿＿＿＿＿＿＿＿＿＿＿＿＿＿＿＿

您從何種方式得知本書消息？

　　　□ 1. 書店 □ 2. 網路 □ 3. 報紙 □ 4. 雜誌 □ 5. 廣播 □ 6. 電視

　　　□ 7. 親友推薦 □ 8. 其他＿＿＿＿＿＿＿＿＿＿＿＿＿＿

您通常以何種方式購書？

　　　□ 1. 書店 □ 2. 網路 □ 3. 傳真訂購 □ 4. 郵局劃撥 □ 5. 其他＿＿＿

您喜歡閱讀那些類別的書籍？

　　　□ 1. 財經商業 □ 2. 自然科學 □ 3. 歷史 □ 4. 法律 □ 5. 文學

　　　□ 6. 休閒旅遊 □ 7. 小說 □ 8. 人物傳記 □ 9. 生活、勵志 □ 10. 其他

對我們的建議：＿＿＿＿＿＿＿＿＿＿＿＿＿＿＿＿＿＿＿＿＿

　　　　　　　＿＿＿＿＿＿＿＿＿＿＿＿＿＿＿＿＿＿＿＿＿＿＿

　　　　　　　＿＿＿＿＿＿＿＿＿＿＿＿＿＿＿＿＿＿＿＿＿＿＿